De changement en changement

Changer sans s'épuiser, faire changer sans s'énerver

Éditions d'Organisation
Groupe Eyrolles
61, bd Saint-Germain
75240 Paris cedex 05

www.editions-organisation.com
www.editions-eyrolles.com

Dans la même collection :

Fabrice Piroux, *Managers, devenez votre propre coach*

Stéphanie Feliculis, *Mener un entretien annuel*

Collection « Les comportements du manager », dirigée par l'IFAS

Tout le monde en convient : le succès d'un manager se mesure à l'effet qu'il produit sur les autres. Donner envie, faire changer, accompagner, influencer… la liste de ce qu'on attend de lui est longue. Pour avoir cet effet sur les autres, c'est d'abord sur lui-même que le manager doit agir. **Ses propres comportements sont son outil de travail.** Pragmatique, sans être simpliste ou caricaturale, cette collection offre à tous les managers la possibilité de faire évoluer leurs comportements au quotidien.

© Groupe Eyrolles, 2011
ISBN : 978-2-212-54929-4

Sandrine Caillé

De changement en changement

Changer sans s'épuiser, faire changer sans s'énerver

Sous la direction de Laurence Saunder et d'Éric Albert

EYROLLES

Éditions d'Organisation

Remerciements

À Éric qui ne cesse de m'encourager à donner le meilleur de moi. À Jean-Luc qui me permet d'aller toujours plus loin dans la prise de recul. À Laurence pour son énergie et ses encouragements. À tous ceux qui m'ont proposé leur aide au cours de cette aventure…

À ma famille et mes amis pour leur soutien de tous les instants. À ceux qui restent.

À toutes les rencontres et aux événements qui nous font évoluer… sans pour autant complètement nous changer !

Sommaire

V

III

RÉUSSIR LE CHANGEMENT

VII

Introduction

La permanence du changement

Le changement est-il une mode qui, comme beaucoup d'autres, passera ? Il y a peu de chances, car le changement est inhérent à la vie. *« Tout coule »* et *« on ne se baigne jamais deux fois dans le même fleuve »*, disait déjà Héraclite.

Changer permet de s'adapter. Or, plus l'environnement évolue, plus il convient de faire autrement. Ainsi, le changement est au cœur de la compétitivité des entreprises. En effet, arrêter de changer revient à renoncer à rester dans la course et à progressivement être de plus en plus en décalage avec son environnement. Cesser de s'adapter revient à vieillir prématurément et s'exclure du système[1] dont on fait partie. Quel avenir peut-on envisager pour des entreprises qui cessent d'innover ? Que se passe-t-il lorsque les constructeurs automobiles ne se remettent pas en cause face à la crise et continuent de produire de grosses berlines qui consomment beaucoup, alors que les clients veulent un véhicule pratique et, si possible, qui préserve l'environnement ?

---

1. Le système pouvant être un ensemble d'individus, une famille, ou encore une organisation, une entreprise sur son marché. Paul Watzlawick, qui a travaillé sur cette notion de « système », distingue le changement dans un système qui reste inchangé du changement qui change le système lui-même.

Rester en phase avec son époque est un vrai défi tant pour les entreprises que pour les individus. Si une chose est certaine, c'est que les changements vont se poursuivre et même probablement s'accélérer.

Clarifier la notion de changement

Cependant, parler de changement pose plusieurs difficultés…

Premier constat, le mot « changement » pose problème, car il ne représente pas la même chose pour tout le monde. Alors que certains changements renvoient essentiellement au processus de changement, et donc à la continuité (évolutions de l'organisation, des processus ou des outils, des modes de pilotage…), d'autres changements sont clairement de l'ordre de la rupture (organisationnelle, stratégique, technologique, mode de gouvernance…).

Second constat, le changement est souvent abordé de manière dichotomique : « tout changer »/« ne rien changer ». Continuité et rupture sont ainsi renvoyées dos à dos alors qu'un changement peut combiner les deux dimensions.

En conséquence, tout changement mérite d'être explicité : qu'est-ce qui change vraiment ? Qu'est-ce qui va continuer comme avant ? En quoi, si rien ne change, l'entreprise court-elle à sa perte ?

Bien des changements sont possibles grâce à des changements antérieurs, comme l'illustre la transformation progressive de la SNCF depuis le milieu des années 1990. Il fallait que l'entreprise s'adapte, comme beaucoup d'autres (citons au moins Air France et France Télécom). Au départ, une ambition pour la SNCF : passer de l'usager au client avec des organisations dédiées à l'amélioration du service rendu et un pilotage par activité. L'échec du projet Cap Client et les grandes grèves de 1995 ont pourtant conduit l'entreprise à se transformer autrement qu'en mode « rupture ». La transformation, progressive, a été permise par des réorganisations successives et de nouveaux modes de pilotage économique (des outils de gestion toujours plus sophistiqués pour aider à prendre des décisions : piloter les lignes, les axes, les zones et optimiser les moyens de production). Sans cette transformation progressive, l'arrivée de la concurrence aurait été le coup de grâce pour un paquebot vieillissant. Au contraire, cette concurrence devient un véritable accélérateur de changements. Ainsi, l'Université du service est créée en 2006 pour préparer le personnel à l'arrivée de la concurrence dans le monde voyageur. Les différents métiers (vendeurs, agents d'accueil et contrôleurs) évoluent et l'offre de services (ID TGV, CRM Services, Le Club, Facileo, Accès +, etc.) inscrit définitivement l'entreprise dans une logique de fidélisation des clients (*exit* l'usager). Les autres branches se transforment également à leur rythme et en fonction de leurs spécificités. La mutation managériale est en marche depuis mi-2010, elle prendra probablement encore plusieurs années.

Racines et types de changement

Le sociologue Philippe Bernoux[1] parle de 3 racines du changement pour évoquer la part de stabilité et de mouvement : l'environnement (la concurrence, les technologies, les clients, les contraintes financières, les crises…), les institutions (les règlements…) et les acteurs. Dès que le changement comprend une part de rupture, qu'elle soit technologique, organisationnelle ou encore stratégique, il y a innovation. La rupture se traduit sur le plan humain par un changement de logique de fonctionnement à opérer.

Gregory Bateson[2] distingue les changements de type 1 (changement qui s'opère dans un système sans le modifier, qui consiste en une recherche d'équilibre en comparaison avec l'homéostasie des systèmes biologiques) et de type 2 (changement qui transforme lui-même le système et pousse le sujet à apprendre à apprendre, donc à faire évoluer les systèmes de représentation). Alors que le changement de type 1 correspond à une évolution des procédures ou des processus, le changement de type 2 relève davantage de l'innovation qui révolutionne à la fois l'intérieur et l'extérieur.

© Groupe Eyrolles

1. Philippe Bernoux, *Sociologie du changement dans les entreprises et les organisations*, Seuil, 2004.
2. Fondateur de l'école de Palo Alto, il a fait le lien entre les types de changement et les niveaux d'apprentissage.

3

L'innovation au cœur du changement

Récemment, la marque Nespresso a révolutionné la production, la distribution, mais aussi la consommation de café. L'innovation produit (capsules individuelles et machines sans système de filtre) a progressivement installé une nouvelle norme de consommation.

Devenir la nouvelle référence du marché est une chose, mais le rester suppose de continuer à innover. Plusieurs axes d'innovation complémentaires sont possibles :

• innovations produit avec de nouvelles saveurs ainsi qu'un élargissement de la gamme (chocolat, accessoires…) ;

• innovations environnementales et développement durable en facilitant, par exemple, le recyclage des capsules, etc.

• innovations de marque et de positionnement au travers de publicités d'un nouveau genre (saga et mises en scène avec Georges Clooney), mais aussi d'un accueil haut de gamme et personnalisé en boutique.

Ce type d'accueil en boutique peut se traduire sur le plan humain par des comportements spécifiques attendus. En effet, chaque fois qu'une entreprise doit opérer un changement de type 2, la culture comportementale et managériale n'est plus forcément adaptée.

Créer les conditions du changement

L'échec du changement (réorganisation, programme de déploiement…) correspond, la plupart du temps, à un manque de prise en compte du facteur humain. Souvent, beaucoup de temps est consacré à la dimension organisationnelle : remplir les cases des organigrammes, rédiger des procédures. La dimension humaine, plus complexe, moins confortable car pleine de surprises, est soit oubliée soit largement sous-estimée. Si les changements, aussi pertinents et intelligents soient-ils, échouent, c'est parce qu'ils ont été pensés mécaniquement, sur le papier, mais que, dans la réalité, ceux qui devraient les faire vivre au quotidien ne se les sont pas appropriés.

En effet, ce qui fait la performance humaine d'une organisation, c'est la capacité des comportements à s'adapter au contexte spécifique et aux enjeux à relever. Face à de nouveaux enjeux, de nouveaux comportements peuvent être nécessaires. Ces comportements précisent l'état d'esprit et les modalités d'interaction entre les individus pour atteindre les objectifs business. Ainsi, lorsque deux entreprises fusionnent, une nouvelle identité comportementale est à définir puis à mettre en œuvre pour que les synergies jouent, y compris sur le plan humain.

Pourtant, faire évoluer les comportements ne va pas de soi. Car faire évoluer les habitudes et façons de faire des individus pour leur permettre de s'adapter, suppose une réelle prise en compte de ce qui fait la dimension humaine du changement. Ainsi, conduire le changement ne se limite pas à expliquer ce qui change, mais à créer les conditions du changement, c'est-à-dire l'envie d'adapter ses façons de faire.

Le changement permet donc d'entretenir ses capacités d'adaptation, alors qu'il est souvent perçu comme une contrainte : « Trop de changements tue le changement. » Les capacités humaines à évoluer, pourtant quasi illimitées à l'échelle de plusieurs générations, semblent mises à mal. En effet, s'adapter (pour une entreprise ou un individu) revient à solliciter ses capacités d'adaptation. Plus les capacités d'adaptation sont sollicitées régulièrement, moins le changement est coûteux. Mais la réciproque est vraie ; la succession de changements et de projets conduit certains collaborateurs – et même de plus en plus de managers – à attendre le suivant. Le niveau d'appropriation des changements est largement insuffisant. À peine le projet est-il communiqué qu'il faudrait déjà passer au suivant.

Pour autant, mieux prendre en compte la dimension humaine des changements suppose de renoncer à une méthode universelle. En effet, chaque changement est différent. Ce qui a fonctionné avant ne garantit pas que cela fonctionne encore. Pire, cela revient à négliger les spécificités qui rendent ce changement tout à fait particulier. Le contexte et les conditions dans lesquels il est opéré constituent le premier levier à considérer pour réussir un changement. Le second levier est comportemental : pour faire évoluer les façons de faire, il convient d'interroger sa propre façon d'agir.

À qui s'adresse ce livre ?

L'ambition de ce livre est de permettre aux managers qui conduisent des changements de se poser les bonnes questions pour mieux prendre en considération la dimension humaine de ces changements. Voici quelques bonnes raisons de le lire :

- vous êtes convaincu que le volet humain d'un changement est important, mais, pour autant, vous ne voyez absolument pas ce qu'il faut faire ;
- vous avez l'impression que votre changement comprend une part de rupture, mais vous ne voyez pas bien laquelle ;
- vous souhaitez une réelle appropriation de votre changement à tous les niveaux dans l'entreprise, mais ce n'est pas gagné car vous craignez le rejet ou, disons, de fortes résistances ;
- vous en avez assez d'être d'accord avec tous les principes pour réussir le changement sans pour autant comprendre ce qui les rend si difficiles à mettre en œuvre ;
- vous aimez vous remettre en cause et mieux comprendre comment vous fonctionnez.

1

CONDUIRE LE CHANGEMENT AUTREMENT

Dans le *Yi Jing* ou *Livre des mutations*[1], classique chinois écrit au VIIIe siècle av. J.-C., on lit que « *la seule chose qui ne changera jamais, c'est que tout est toujours en train de changer* ». Le changement est donc permanent. Cette permanence de changements impose de sans cesse réinventer ce qui va permettre l'appropriation par le plus grand nombre. Comprendre ce qui vient perturber la mise en place des changements doit aider à identifier comment manager en situation de changement.

En effet, le changement est à réinventer pour au moins trois raisons. D'abord parce que l'autorité ne suffit plus toujours à ce que les choses se passent comme les dirigeants le décident. Ensuite, parce que le rythme des changements est incessant et, de ce fait, le temps restant pour ancrer le changement dans le quotidien s'est réduit comme une peau de chagrin. Enfin, parce que les capacités d'adaptation – théoriquement quasi illimitées chez les humains – sont

---

1. Kerson et Rosemary Huang, *Livre des mutations*, Éditions Albin Michel, 2002.

fortement sollicitées par le changement, d'autant plus si elles le sont rarement.

Le manager qui conduit le changement a pour rôle d'encourager l'appropriation de celui-ci pour que les nouvelles manières de faire deviennent la nouvelle norme. Pour cela, il doit articuler conduite et gestion du changement, c'est-à-dire organiser en amont tout ce qui est possible tout en sachant faire face aux aléas qui ne manqueront pas de se présenter. Sans prise en compte de la dimension humaine du changement, son action restera superficielle et le changement risque de ne pas réellement se produire.

1

Pourquoi changer la façon de conduire le changement ?

Une autorité hiérarchique remise en cause

Il ne suffit pas, ou plus toujours, de dire les choses pour que les collaborateurs les exécutent. Si le management par l'autorité ne fonctionne pas systématiquement, c'est parce que la société a changé, mais aussi parce que le modèle d'efficacité issu du taylorisme n'est plus applicable partout. En effet, l'obéissance à des normes et procédures selon un référentiel métier précis, contrôlé par quelques-uns, reste valable dans quelques univers très rationalisés ou normés comme certains métiers financiers, dans la production… Bref, d'un côté les *process* viennent rationaliser les tâches et renvoient à un modèle de pure exécution, mais, en même temps, une plus grande complexité de l'environnement impose un modèle d'adaptabilité dans lequel le résultat compte autant que la façon de l'obtenir.

D'autant que cette façon de l'obtenir repose de plus en plus sur une intelligence collective. Puisque les processus sont rationalisés, la contribution de chacun ne peut être que sur un morceau de la chaîne de valeur. Ainsi les organisations matricielles, les liens fonctionnels et les fonctionnements en mode projet viennent complexifier l'exécution strictement hiérarchique. Par ailleurs, la question de l'autorité hiérarchique est également en question : quelle est sa marge de manœuvre lorsque les règles, y compris de sécurité, ne sont pas appliquées car elles réduisent le sentiment de liberté individuelle ?

On peut entendre ici et là : « Une décision, c'est une bonne base de discussion. » Probablement plus qu'avant, les collaborateurs (et de plus en plus de managers) ont besoin de comprendre et d'être convaincus pour faire les choses, ils ont besoin de trouver du sens (à ce qu'ils font, à ce qu'ils ne feront plus).

La pertinence du projet constitue une condition nécessaire, mais pas suffisante car la plupart des changements sont accueillis avec une certaine méfiance : à quoi ça sert ? Qu'est-ce que cela cache ? Remplacer cette méfiance par de l'enthousiasme est loin d'être immédiat. Pourtant, force est de constater que le temps consacré à partager le sens et le contexte du changement est très souvent limité.

Un espace-temps réduit à sa plus simple expression

Le changement dans les entreprises a toujours existé. Ce qui a changé, c'est le rythme des changements. À peine le projet a-t-il démarré qu'il faut déjà passer au suivant, tout aussi urgent. L'idée qu'« hier, c'était déjà trop tard » est portée à son paroxysme[1]. Le sentiment de ne pas aller au bout des choses se généralise.

Puisque des résultats visibles sont attendus (les fameuses « victoires rapides »), les managers cherchent à gagner du temps. Ils donnent alors directement les réponses et les solutions : telle organisation, tels outils, tels processus, telle procédure, telle éventuelle contrepartie sociale… Au mieux, ils donnent également les réponses aux questions essentielles autour du sens du projet, de ce qui va changer pour chacun.

---

1. Une étude du McKinsey Quaterly, menée en 2002 dans 40 organisations de différents secteurs d'activité, montrait que plus de la moitié des projets de changement conduits n'avaient pas atteint leurs objectifs.

Mais ces réponses ne permettront d'atteindre le même niveau d'appropriation que si on a soi-même répondu à quelques questions clés : pourquoi ce projet ? Pourquoi maintenant ? Quels bénéfices en retirer ? Quels sont les risques à ne pas le mettre en œuvre ? Quelles difficultés pourrait-il représenter ?

S'organiser pour gagner du temps d'appropriation est un leurre car, pour que les changements se mettent en place, les pratiques et les habitudes doivent évoluer. C'est cela qui prend du temps et rien ne sert de le négliger ou d'essayer de le réduire. Tout le temps soi-disant gagné au départ est finalement perdu car il faut recommencer au rythme de chacun. L'urgence du temps, permanente, empêche l'appropriation réelle du changement, et ainsi augmente la pression, ce qui limite la capacité d'adaptation de chacun.

Une pression qui limite nos capacités d'adaptation

Si le temps nécessaire à l'appropriation est sous-estimé, c'est d'abord parce que les émotions que le changement suscite sont complètement niées. Ce sont pourtant ces émotions qui traduisent le mieux le niveau de sollicitation de nos capacités d'adaptation.

L'exemple du déménagement

J'achète une maison et je quitte l'appartement où j'étais locataire. Même si c'est une décision mûrement réfléchie, ce n'est pas pour autant que cela va être simple. Au moment de partir, je peux m'inquiéter de ne pas me plaire dans le nouvel endroit choisi, mais aussi regretter mon ancien quartier, mes voisins, les commerçants, ou craindre que ce soit vraiment difficile financièrement…

Parce qu'il fait perdre des repères habituels, le changement met sous pression et mobilise les ressources émotionnelles. Or, plus ces ressources ont l'habitude d'être sollicitées, moins s'adapter sera coûteux, et vice versa. La perte progressive de souplesse adaptative est particulièrement flagrante chez les personnes âgées.

11

À retenir

Moins on change (plus on a d'habitudes), plus le changement devient coûteux, voire impossible.

À noter, toutefois, que l'adaptabilité n'est pas seulement une question d'âge : pour certains les routines commencent très tôt…

Quand le changement produit un concentré de ce qui se passe d'habitude dans l'équipe

Martine est directrice financière dans une PME qui vient d'être rachetée par des fonds de pension. Son équipe est assez autonome, ce qui lui va bien car elle n'aime pas dire aux gens ce qu'ils ont à faire. Ainsi, ses collaborateurs remontent les sujets à arbitrer en proposant différentes options. Un objectif de rationalisation lui a été clairement posé. Pourtant, le nouveau dirigeant est très peu présent. Il ne donne quasiment pas de directives et remet à plus tard la plupart des décisions (achats, investissements…). Il est impossible de comprendre les nouvelles priorités du service, ce qui renforce le sentiment de désorganisation. Les sujets n'avancent pas et l'insatisfaction grandit. Pourtant, Martine continue de proposer différentes alternatives qui ne sont pas arbitrées sans arriver à aborder clairement le problème avec sa hiérarchie, car, pour elle, chacun doit faire ce qu'il a à faire.

L'avis du coach

Au fond, le changement a tendance à renforcer les managers dans leurs comportements automatiques. Pour Martine, il s'agit de continuer à proposer des alternatives sur ses dossiers et d'attendre les arbitrages qui n'arrivent pas. De l'extérieur, ce qu'il faudrait faire peut paraître évident mais, sous la pression, ce n'est pas si simple. Cette pression vient du fait que ce qui devrait se passer, selon Martine, ne se passe pas. En effet, elle estime que ce n'est pas à elle d'être directive : c'est à la hiérarchie d'arbitrer mais, comme elle ne le fait pas, cela crée une tension.

L'écart entre la représentation de la situation et la réalité produit une émotion qui risque d'empêcher Martine de sortir de son schéma de pensée pour aborder le problème directement. Ainsi, la pression a tendance à générer de la répétition, plutôt que de l'innovation : tout individu sous pression a tendance à se réfugier dans ce qu'il connaît et ce qu'il a l'habitude de faire, plutôt que de chercher à sortir des schémas convenus pour trouver des solutions innovantes. À force de pression, changer revient à faire « un peu plus de la même chose[1] ». Et ce qui est vrai pour les collaborateurs l'est aussi pour les managers. Le principal enjeu du manager en situation de changement est donc de **conserver/retrouver de la marge de manœuvre** à son niveau pour encourager ses collaborateurs à s'adapter.

___ *À retenir* _____

L'autorité ne suffit plus toujours à produire de l'adhésion et l'accéléra-tion des changements rend les managers dubitatifs sur leur capacité à mener à bien les projets qu'on leur demande de porter. Un certain décou-ragement peut émerger : quelles marges de manœuvre reste-t-il, vu l'exi-gence de résultats rapides ? Sont-ils en situation de réussite ?

Or, cette pression a tendance à produire une certaine rigidité et inertie comportementales, alors que s'adapter suppose de pouvoir mobiliser ses ressources émotionnelles.

L'ensemble de ces éléments perturbe la façon de conduire le changement et invite le manager en situation de changement à faire autrement.

1. Paul Watzlawick, John Weakland, Richard Fisch, « Quand le changement produit un peu plus de la même chose ou que le problème est dans la solution », *Changements*, Points Seuil, 1981.

2

Le manager en situation de changement

Le chemin du changement est rarement sans embûches. Les managers interrogés sur les conditions de réussite citent : construire une cible, donner du sens, prendre en compte les préoccupations et les difficultés de mise en œuvre. Lorsque la dimension humaine est insuffisamment prise en considération, différents risques peuvent se produire encours, notamment au niveau social. En effet, il apparaît alors des grèves ou des conflits, un rejet ou un blocage, mais aussi un climat social dégradé : peur de l'avenir, démotivation/démobilisation, stress, mauvaise ambiance... Ces éléments peuvent soit mettre en péril l'aboutissement du projet, soit en limiter les bénéfices, notamment en termes de compétitivité puisque la plupart des changements sont liés à des enjeux concurrentiels.

Ainsi, les managers qui pilotent les changements sont généralement des leaders, des hommes et des femmes capables de définir un cap, puis d'entraîner. Pour entraîner, et surtout donner envie de faire autrement, il convient de faire adhérer et de mobiliser. Le leadership ne s'exprime pas seulement par une capacité à convaincre, mais aussi au travers des capacités d'écoute et d'observation. Par ailleurs, la principale compétence en situation de changement consiste à préserver ses capacités de recul pour pouvoir continuer de s'adapter malgré la charge émotionnelle. Quels sont le rôle et la valeur ajoutée du manager en situation de changement, et comment doit-il s'y prendre ?

Son rôle de facilitateur

Quelques exemples de décalages de perception

LA VISION DU DÉCIDEUR DU CHANGEMENT	LA VISION DE L'IMPACTÉ QUI SUBIT
« Ce changement va permettre d'assurer la pérennité de l'entreprise et de faire face aux enjeux du moment. »	« Encore un truc de plus, on passe notre temps à faire et défaire ! »
« Si on ne fait pas ça, on est mort. »	« Il faut appliquer sans se poser trop de questions mais, franchement, ça marche très bien comme ça. »
« Ce changement va permettre de nous développer, de conquérir de nouvelles parts de marchés… »	« Comment va-t-on faire ? Ils ne se rendent pas compte au siège. Ils décident des trucs sans se poser la question de la mise en œuvre sur le terrain… »

S'approprier, c'est s'attribuer, faire sien. Tant qu'il reste extérieur le changement ne mobilise personne. À partir du moment où je m'approprie le changement, où il prend sens pour moi, dans mon contexte de travail au quotidien, alors j'adapte mes façons de faire.

Encourager l'appropriation est difficile car l'autorité ne suffit plus, mais aussi compte tenu de l'urgence du temps et, enfin, parce que mesurer l'appropriation ne va pas de soi.

Un premier levier pour les managers qui pilotent le changement consiste à tenir compte du décalage temporel vis-à-vis des autres. Le décalage de perception est inévitable entre celui qui décide d'un changement ou de sa mise en œuvre, et celui qui le découvre et a le sentiment de le subir. Au passage, cette impression de « subir » le changement constitue un excellent indicateur d'un cruel manque d'adhésion. Tant que le changement est vécu comme une contrainte extérieure, il n'est pas approprié.

Un second levier pour les managers qui pilotent le changement consiste à fixer clairement le cadre attendu et se mettre en capacité de suivre quelques indicateurs de réussite. Certains managers nous ont dit qu'on ne sait si un changement est réussi qu'à la fin. Drôlement inquiétant quand un changement en chasse un autre… mais aussi pour piloter.

Imaginez…

Vous êtes en voiture, vous conduisez depuis un certain temps quand une voix vous annonce : « Vous êtes arrivé à destination ! » Cela ouvre des perspectives car, pour l'instant, nos GPS nous demandent d'entrer une destination précise pour arriver à bon port (il faut même un numéro car, généralement, le nom de la rue ne suffit pas).

Dans un changement, l'atteinte des objectifs opérationnels et le respect du planning ne suffisent pas. Encore faut-il que chacun ait retrouvé une place dans la nouvelle organisation et que les nouvelles façons de faire soient devenues les nouvelles routines pour chacun.

À retenir

Lors d'un de nos séminaires, je me souviens d'une participante qui avait dit : « On a réussi quand les gens arrêtent de discuter et se mettent à construire l'avenir. » C'est une image simple, mais « parlante ».

Le rôle du manager est donc de définir les jalons de l'appropriation, mais aussi de trouver de l'espace, des marges de manœuvre dans son mode d'influence et dans des rétroplannings contraints pour faire face aux imprévus liés aux difficultés d'appropriation.

Sa valeur ajoutée

Le temps contraint pour réussir leurs changements pousse les managers à chercher des méthodes faciles à appliquer et qui marchent.

À retenir

Tout le monde espère une méthode universelle pour réussir tous les changements, mais, au fond, personne n'y croit vraiment.

D'abord, parce que chaque changement est différent. Le contexte particulier du changement est déterminant. Or, ce contexte est lui-même complexe et multiforme : une combinaison de facteurs externes (économique, concurrentiel, technologique, législatif…) et internes (social, managérial, organisationnel, culturel…). Ainsi, il est impossible de trouver deux changements totalement identiques, même s'ils peuvent parfois se ressembler. C'est l'« effet Canada Dry » du changement qui illustre le réflexe totalement humain de comparer avec ce que l'on connaît déjà pour éviter une totale perte de repères et ainsi garder le contrôle sur la situation.

Quel manager n'a jamais entendu dans les couloirs ou à la machine à café : « *Tiens, ils nous ressortent le projet XXX* », ou : « *On repasse à l'organisation du temps de YY* » ? Potentiellement, 5, 10, 15 ans se sont écoulés et le contexte n'a probablement plus rien à voir, mais ce sont les ressemblances qui attirent l'attention et pas du tout les différences.

À retenir

À chaque changement une méthode pour le conduire, sinon à définir, du moins à adapter en fonction des spécificités, notamment contextuelles. Mais encore faut-il ne pas les sous-estimer…

Ensuite, parce que tout n'est pas prévisible dans le changement. Une partie seulement s'organise et il restera toujours une part d'aléas. Or, aucune méthode ne garantit l'imprévu. Notre expérience montre d'ailleurs que plus le changement est structuré, plus il devient un carcan rigide, qui produit davantage de résistance (plus ou moins passive) des équipes.

Ainsi, lors d'une mission d'audit d'un projet de changement, nous avons pu mettre en exergue que la méthode ne suffit pas : « *Le projet est impeccable, il n'y a rien à dire. L'équipe projet a tout organisé, il y a eu beaucoup de communication, et même des* road shows*, des journées portes ouvertes pour présenter les nouveaux métiers. En fait, la locomotive continue d'avancer, mais les wagons ont décroché.* »

Attention !

Le piège est de vouloir contrôler une dimension qui n'est pas totalement contrôlable.

Plus le manager s'organise de façon à éviter les imprévus, plus il a tendance à produire de la résistance de la part des équipes. En effet, le manque d'espace pour questionner et contribuer est potentiellement insupportable. Le changement est préparé et emballé comme un cadeau, mais reçu comme un cadeau empoisonné, donc rejeté.

Dans le changement, tout n'est pas contrôlable. Une part d'imprévus demeure, il s'agit notamment des réactions humaines. Le manager qui cherche à totalement contrôler le changement veut généralement se rassurer, car le contrôle donne un sentiment de maîtrise. Pourtant, cette recherche de contrôle fragilise, notamment au moment où l'illusion de contrôle s'écroule. C'est particulièrement le cas dès que des personnes commencent à critiquer le projet. Le manager ne peut pas contrôler les critiques (même si son action était dirigée pour les éviter à tout prix) et cela lui devient assez difficile de lâcher prise pour écouter ce qui est dit sans prendre une position rigide. Piloter le changement suppose de trouver un espace entre deux extrêmes : d'un côté rester dans le schéma tel que prévu et, de l'autre, être purement dans l'improvisation en permanence.

Sortir de l'illusion de contrôle suppose d'abandonner une représentation linéaire du changement (du point A au point B). Comme en montagne, le chemin le plus court n'est pas forcément la ligne droite. Tout changement constitue avant tout une aventure humaine qui comprend des aléas.

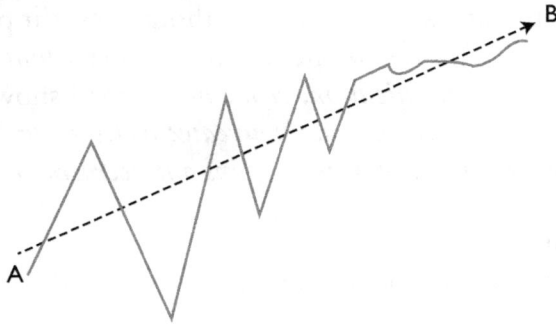

Une représentation dynamique du changement
qui prend en compte les aléas

Réussir le changement suppose :

- une **part de méthode** (ce qui peut être prévu s'organise, doit être structuré) ;
- une **part d'imprévus** dont il faut savoir tenir compte (les réactions, les résistances).

Ainsi, organiser le changement est important, notamment pour définir les jalons de l'appropriation, mais aussi les étapes et les indicateurs à observer. Pour autant, tout ce qui est mis en place ne produira pas exactement le niveau d'appropriation attendu et les sujets de blocage imaginés ne seront pas forcément ceux qui posent le plus de problèmes. Ce qui fera réellement la différence, c'est la capacité à faire face aux aléas et aux imprévus, autrement dit la capacité à s'adapter. La manière de conduire le changement sera donc sans cesse à réinventer en fonction des aléas qui se présenteront.

Réussir le changement revient à se tourner vers la philosophie stoïcienne dont Marc Aurèle est l'un des principaux représentants : « *Donne-moi le courage de changer les choses que je peux changer, la sérénité d'accepter celles que je ne peux pas changer, et la sagesse de distinguer entre les deux.* » Comment le manager doit-il s'y prendre ?

Son action

Si le rôle du manager consiste à favoriser l'appropriation, et que sa principale valeur ajoutée consiste à bien articuler la conduite et la gestion du changement, pour autant la façon de s'y prendre ne va pas de soi. Ce n'est pas parce que la capacité à prendre du recul et à s'adapter a été identifiée comme essentielle qu'elle est simple à mettre en œuvre. En effet, notre pratique de formateur et de coach ayant trait aux comportements nous a permis de constater l'écart entre comprendre et être d'accord avec un principe managérial, et l'appliquer.

Prendre en compte la dimension humaine du changement suppose de bien comprendre ce qu'elle recouvre pour être aussi précis que possible, mais aussi de développer une capacité à faire face aux imprévus, et ainsi améliorer sa souplesse adaptative.

Pour cela, trois comportements sont nécessaires :

- **prendre du recul** : temporiser avant d'agir et garder de la distance par rapport à ce qui se passe pour trouver une marge d'adaptation ;

- **donner envie** : alterner les deux modes d'influence que sont convaincre et comprendre (en particulier les points de blocage et les difficultés), sachant que le mode d'influence consistant à convaincre l'autre absolument domine très largement en entreprise ;

- **accompagner** : soutenir et faire progresser sans systématiquement fournir des solutions, mais en aidant à réfléchir pour que chacun trouve ses propres solutions.

Ces trois comportements donnent également de l'efficacité dans des situations managériales classiques. En situation de changement, ils permettent en outre de faire face à trois principaux verrous humains qui réservent bien des surprises si on ne les prend pas suffisamment en compte :

- sa propre ambivalence personnelle ;

21

- la résistance au changement (incompréhension, doute sur l'utilité, peur et difficultés…) ;
- l'essoufflement.

Pour se donner un cadre de référence commun, nous proposons de distinguer trois temps forts du changement :

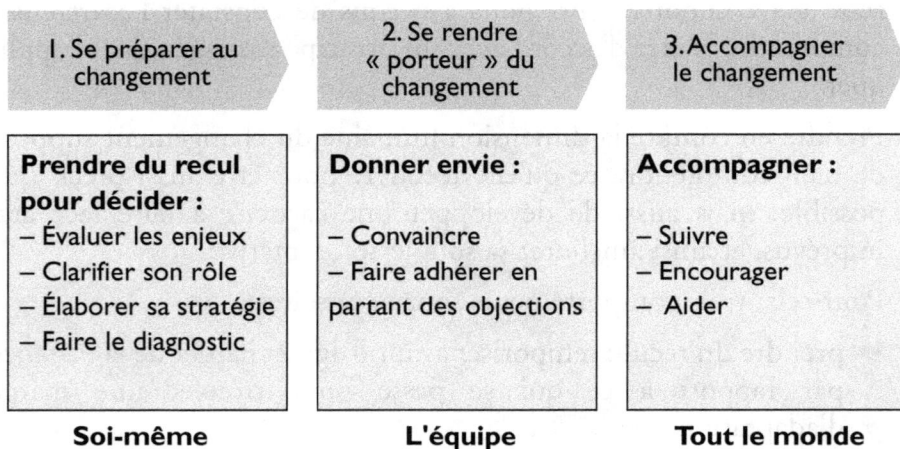

1. Se préparer au changement	2. Se rendre « porteur » du changement	3. Accompagner le changement
Prendre du recul pour décider : – Évaluer les enjeux – Clarifier son rôle – Élaborer sa stratégie – Faire le diagnostic	**Donner envie :** – Convaincre – Faire adhérer en partant des objections	**Accompagner :** – Suivre – Encourager – Aider
Soi-même	**L'équipe**	**Tout le monde**

Ainsi, s'occuper de la dimension humaine du changement suppose de :

1. SE PRÉPARER en prenant du recul :
    - commencer par soi ;
    - prendre en compte les comportements.
2. SE RENDRE « PORTEUR » du changement en donnant envie :
    - donner une impulsion ;
    - lever les résistances.
3. ACCOMPAGNER en encourageant :
    - favoriser l'appropriation et la mobilisation de chacun.

À retenir

Le rôle du manager est de faciliter l'appropriation progressive du changement par l'ensemble des collaborateurs. Pour cela, il convient d'observer et d'être à l'écoute de tous les signaux qui témoignent d'une certaine mobilisation sur le projet (laquelle doit, in fine, se traduire par des évolutions des façons de faire au quotidien) ou, au contraire, de son rejet.

Pour réussir un changement, le management doit sortir d'une certaine illusion de contrôle pour se demander comment faire face aux imprévus et aux aléas (la résistance au changement sous toutes ses formes). En effet, faciliter l'appropriation suppose un dosage subtil entre conduite (organisation, méthode) et gestion (imprévus) en fonction du contexte particulier du changement.

II

Vivre le changement

Le terrain favori des managers est celui de l'action : prendre des décisions, communiquer, lancer des groupes de travail, etc. Cette « hyperactivité » peut représenter pour eux un moyen de réguler le stress. En effet, agir constitue une sorte de Lexomil pour le manager soumis à un événement stressant comme le changement. Pour d'autres, le mode de régulation consistera à ne rien faire, à remettre à plus tard, autrement dit à procrastiner[1]. Il apparaît assez clairement qu'aucun de ces modes de régulation n'est pleinement satisfaisant…

Repérer son mode de fonctionnement face à la pression constitue une première étape pour se réguler et trouver de l'espace pour faire autrement. Cependant, ce n'est pas évident car, avec le temps, nos modes de régulation deviennent automatiques et sont érigés en façons de faire efficaces (puisqu'elles nous arrangent). En fait, la plupart du temps les modes de régulation permettent d'éviter les situations désagréables et de prolonger tout ce qui nous est agréable. Changer suppose donc d'identifier que certaines habitudes soulagent mais ne sont pas totalement pertinentes dans la situation, voire pour la santé, car elles agissent à court terme seulement, alors que sur le

---

1. Tendance à remettre au lendemain… ou à plus tard encore.

moyen/long terme elles produisent davantage de ruminations. Comme le dit le vieil adage en matière de changement : « Charité bien ordonnée commence par soi-même. »

Changer pour faire changer

Patrice dirige une quinzaine d'agences bancaires dans le Sud-Ouest. Quand il a fallu réorganiser la gestion de patrimoine, il a demandé à son adjoint Sébastien de prendre cette activité en charge vis-à-vis des conseillers. Il a donc officialisé la nouvelle organisation, mais au bout de quelques mois, certains conseillers continuent de le solliciter directement. Dire les choses n'aura pas suffi à faire évoluer les pratiques. Il faut dire que Patrice continue de répondre aux sollicitations directement. C'est plus rapide que de tout expliquer à Sébastien.

Tant que Patrice ne change pas sa façon de faire, il y a peu de chances que ce changement organisationnel simple se mette en place. *A posteriori*, il sera toujours possible de trouver des arguments pour justifier ce non-changement : manque de compétence de l'adjoint, résistance au changement des collaborateurs, souci d'efficacité…

1

Commencer par soi

Il est difficile de « porter le changement », quel qu'il soit, sans avoir suffisamment réfléchi à ce qu'il représente et implique pour soi-même. Concrètement, il s'agit de comprendre son filtre personnel par rapport au changement que l'on est en train de mener :

1. Que représente ce changement pour moi ?
2. Qu'est-ce que je ressens et quelles sont mes logiques de fonctionnement ?
3. Comment ce filtre va-t-il m'influencer dans mes décisions et mes comportements ?

Sortir de l'ambivalence par rapport au changement

Étape 1 : prendre conscience de son ambivalence

Passez ce petit test rapide, en répondant sans trop réfléchir. Partez du changement que vous avez à conduire.

Cochez « oui » si vous êtes d'accord avec cette proposition et « non » dans le cas contraire.

PROPOSITIONS	OUI	NON
1. L'ancienne organisation n'était pas parfaite, mais au moins elle a fait ses preuves.		
2. Il faut aller de l'avant et faire évoluer nos modes de fonctionnement.		
3. Changer l'organisation et les façons de travailler en plus de tout ce qu'il y a à faire au quotidien, c'est juste irréaliste.		
4. Cela ne pouvait plus continuer comme avant.		
5. Avant de s'engager, il faut être vraiment sûr que c'est le bon choix et qu'ensuite on va aller jusqu'au bout.		
6. Ce n'est pas un énième projet, mais du temps qu'il nous faut. On progresse au fil de l'eau.		
7. Ces changements finissent par détourner l'entreprise de ses racines et de ses missions initiales.		
8. Vu le contexte et la concurrence, nous n'avons pas d'autre choix que de changer en profondeur nos façons de faire.		
9. Je doute qu'on arrive à faire monter tout le monde à bord.		
10. Il faut se préoccuper de l'avenir de cette entreprise. À force d'inertie, on va finir par louper le coche. Que va-t-on devenir si rien ne change ?		
11. Je ne vois vraiment pas bien à quoi cela sert de changer. Finalement, cela fonctionne très bien comme ça.		
12. Il ne suffit pas de s'améliorer en continu, mais de trouver de nouveaux ressorts. La prochaine marche suppose de sortir des sentiers battus.		
13. Le problème du changement, c'est que l'on voit ce que l'on y perd mais rarement ce que l'on y gagne.		

Correction du test

L'envie : pour calculer votre score, faites la somme des « oui » aux items 2, 4, 8, 10, 12.
Votre résultat :
Le score maximum est de 5.
Plus votre score est élevé, plus vous êtes au clair avec les finalités et l'ambition de ce changement. Si votre score est inférieur à 3, il est important d'échanger avec votre hiérarchie.
La résistance : pour calculer votre score, faites la somme des « oui » aux items 1, 3, 5, 6, 7, 9, 11, 13.
Votre résultat :
Le score maximum est de 8.
Plus vous avez un score élevé, plus vous avez des résistances par rapport au changement. Il convient de les dépasser, au risque de vous laisser « téléguider » par ce filtre du changement à conduire.

L'ambivalence mesure l'écart entre l'envie et la résistance au changement. Le changement, même quand on le décide, on le veut et on ne le veut pas à la fois. L'ambivalence fait partie de la vie, de la plupart de nos projets, qu'ils soient personnels ou professionnels. Il est rare d'être à 100 % dans l'envie alors que, au fond, il s'agit d'une condition d'efficacité en entreprise. Ainsi, toute forme de résistance d'une personne est généralement assimilée au fait qu'on ne peut décidément pas compter sur elle.

Ce qui est vrai pour les collaborateurs l'est encore plus pour les managers. Il est inconcevable qu'un manager qui ne montre pas tout de suite son enthousiasme et sa mobilisation sur un nouveau projet puisse « rester ». Intellectuellement c'est logique, car il sera difficile de mobiliser si l'on n'est pas soi-même convaincu.

Le temps nécessaire à l'appropriation (y compris pour les managers) est souvent négligé et sous-estimé. La vision très dichotomique du changement, « on est pour ou contre », simplifie une réalité pleine de contrastes. Nos représentations du changement sont, au contraire, pleines de nuances, et parfois même de contradictions.

Identifier la part de résistance des managers ne doit pas servir à les culpabiliser, mais plutôt à éradiquer l'idée totalement virtuelle selon laquelle un « bon manager » adhère à tout, tout de suite. Réussir une transformation sans que l'ensemble de la ligne managériale soit convaincue relève de l'exploit. Pourtant, cette adhésion des managers ne va pas de soi. L'appropriation suppose de commencer par prendre conscience de sa part d'ambivalence pour ensuite pouvoir la dépasser car, chaque fois que le management doute du changement, il porte les messages mais sans réelle conviction. Le flottement ainsi généré se diffuse et s'amplifie jusqu'au plus bas niveau de l'entreprise.

Travailler sur son niveau d'adhésion personnel consiste donc à identifier sa part d'ambivalence et ses facteurs de résistance pour ainsi circonscrire les sujets de travail prioritaires et éviter d'adopter des comportements contre-productifs (sans totalement s'en rendre compte).

29

Vouloir et ne pas vouloir du changement en même temps

Isabelle est directrice de la production. On lui a proposé de réorganiser tout le territoire de l'Est de la France. Elle a répondu « oui » à toutes les questions sur l'envie du test d'ambivalence. Par ailleurs, elle a également répondu « oui » aux questions suivantes :

1. l'ancienne organisation n'était pas parfaite, mais au moins elle a fait ses preuves ;

5. avant de s'engager, il faut être vraiment sûr que c'est le bon choix et qu'ensuite on va aller jusqu'au bout ;

9. je doute qu'on arrive à faire monter tout le monde à bord.

En répondant « oui » à l'ensemble des questions sur l'envie, Isabelle montre définitivement sa motivation pour le changement. Dans le même temps, trois questions illustrent sa part de résistance. Chose étonnante compte tenu de sa formation d'ingénieur (donc cartésienne), elle a en fait coché à la fois « oui » et « non » en réponse à la question 9, preuve supplémentaire de son ambivalence…

L'avis du coach

Isabelle est à la fois enthousiasmée par un projet qui va permettre à l'entreprise de rester compétitive sur un marché devenu concurrentiel et mesure l'opportunité professionnelle que ce projet représente dans sa carrière, même si elle ne sait pas exactement si un poste lui sera confié à l'issue de la transformation. Mais ce qui l'inquiète surtout, c'est le niveau d'acceptabilité social du projet. En effet, elle sait que ses collaborateurs sont très attachés à leurs sites et estime que les restructurations vont fortement bousculer le personnel. Par ailleurs, elle n'est pas complètement certaine que l'entreprise ira au bout du projet si la grogne sociale monte. Le principal enjeu pour les managers est d'être au clair sur ce qu'ils pensent du changement qu'ils ont à conduire. Il est certain que ce filtre, cette vision qu'elle a du projet, risque de l'influencer dans ses comportements. Reste à savoir : comment ? En quoi ? À quels moments ?

Étape 2 : faire le lien entre son ambivalence et ses comportements

Le changement tel qu'on se le représente oriente les choix et les actions que l'on fait. C'est comme une paire de lunettes. Mais ces lunettes traduisent un état émotionnel par rapport au changement et peuvent parfois transformer la réalité. Ainsi, en fonction de ce que vous voyez, de votre perception des choses, vous serez influencé dans vos choix et actions, donc dans vos comportements. D'ailleurs, au fil du temps, ces lunettes peuvent changer.

À votre avis, avec quelles lunettes Isabelle voit-elle son changement ? Et vous ?

DESCRIPTIF	ÉMOTIONS	PRINCIPAUX COMPORTEMENTS
Lunettes vertes : le changement vu comme une opportunité	Enthousiasme, passion, plaisir, impatience	Envie de convaincre, d'avancer, d'aller vite… Zones de risques : manque d'écoute, excès de conviction, déni des difficultés, incompréhension des critiques émises
Lunettes rouges : le changement vu comme une possibilité d'éviter la routine	Impatience, excitation, plaisir du mouvement	Hyperaction, hypersollicitation… Zones de risques : manque de recul, agacement face aux critiques et au manque d'adhésion des autres
Lunettes oranges : le changement vu comme une source de problèmes et d'obstacles à surmonter	Doute, crainte, sentiment d'impuissance	Recul et prudence, écoute et observation, analyse Zones de risques : procrastination, manque de leadership et de conviction pour entraîner
Lunettes noires : le changement vu comme la négation du passé, une perte	Colère, fierté du passé, culpabilité, gêne, frustration, inquiétude	Complicité avec les collaborateurs qui résistent Zones de risques : absence de leadership, procrastination et critique, hypersensibilité émotionnelle/manque de recul

Les lunettes fonctionnent comme un filtre. Mais en quoi influencent-elles nos comportements ?

```
┌─────────────────────┐                           ┌─────────────────────┐
│     Individu         │  ⟵══════════════⟶         │     Situation       │
│  et contexte passé   │                           │  et contexte actuel │
└─────────────────────┘                           └─────────────────────┘
         ⇩                        ⇩
┌─────────────────────┐     ┌─────────────────┐
│   Représentations   │ ⟨⟩  │    Émotions      │
└─────────────────────┘     └─────────────────┘
                    ⇩
         ┌─────────────────────┐
         │    Comportement      │
         └─────────────────────┘
```

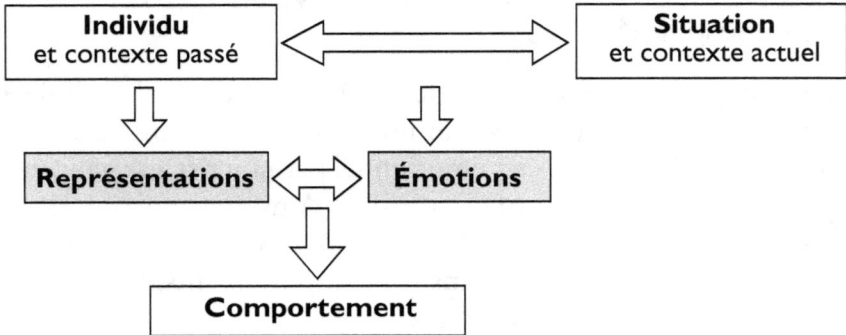

Nos émotions et nos représentations sont au cœur de la mise en place
de nos comportements

Tout individu adopte des comportements cohérents en fonction de
ce qu'il se dit et de ce qu'il ressent.

Illustration avec Isabelle

Son enthousiasme, puisqu'elle voit le projet comme un défi, pourrait la conduire
à lancer beaucoup de chantiers pour rapidement concrétiser les gains de
productivité attendus. Cependant, comme elle a connu nombre de retours en
arrière de l'entreprise, elle hésite à franchement s'engager. Comme cette
crainte domine, elle commencera par attendre des signes clairs d'engagement
dans cette transformation avant de faire quoi que ce soit.

L'ambivalence détermine la plupart des comportements, généralement à l'insu de celui qui conduit le changement. Pour autant, cette
ambivalence peut être rendue extrêmement visible. C'est notamment dans le langage non verbal que les collaborateurs détectent
l'ambivalence, et on les entend alors dire : « *Ce manager/dirigeant
nous dit d'y aller, mais, au fond, il n'y croit pas lui-même...* »

En effet, au-delà de ce qui est dit, les comportements au quotidien
expriment la cohérence interne de la personne. Le manager a beau
répéter les mots du *brief* officiel qu'il a reçu du service communication, si, au fond, il n'y croit pas, c'est ce que son auditoire retiendra,
et pas les mots qu'il a prononcés.

32

L'ambivalence revient à une forme de dilemme qu'il s'agit de résoudre : les mots disent ce qu'il faudrait, mais le reste du corps, et plus globalement l'attitude au quotidien, traduit le fond de ce que chacun pense. Si je ne suis pas en prise avec ce que je pense et ce que je ressens, cela se voit même si je fais tout pour le cacher. Alors qu'une fois dépassée, mon ambivalence me permet de prendre le temps qu'il faut pour que chacun puisse s'approprier le changement à son rythme car cela ne va pas de soi.

EN PRATIQUE

Exercice de synthèse

Repérer son filtre et en déduire ses risques comportementaux.

Quelle émotion domine par rapport à ce changement ? (évaluer son intensité sur une échelle de 10)

Enthousiasme, impatience, doute, inquiétude, sentiment d'injustice, agacement, etc.

....
....

Qu'est-ce que vous vous dites (représentations, raisonnements, état d'esprit) ?

....
....

Avez-vous des enjeux personnels par rapport à ce changement (choses à gagner, à perdre) ?

....
....

Étape 3 : dépasser son ambivalence

Le test d'ambivalence a permis d'identifier les principales zones d'ambivalence et surtout de résistances. Dépasser ce simple diagnostic suppose, pour chaque thème de résistance, de se demander :

- en quoi ce que je me dis est-il vrai ?
- en quoi cela risque-t-il d'orienter mes comportements et mes décisions ?
- quelles en seraient les conséquences ?

Nuancer son point de vue revient ensuite à se demander comment jouer son rôle et se donner toutes les chances d'atteindre ses objectifs :

- compte tenu de mon rôle et de mes objectifs, quel comportement dois-je adopter ?

Illustration à partir d'une zone de résistance d'Isabelle

« Avant de s'engager, il faut être vraiment sûr qu'on va aller jusqu'au bout. » Certains projets ont déjà été remis en cause par le passé. Elle se dit notamment que si les syndicats arrivent à mobiliser suffisamment de monde, la pression sociale pourrait conduire à un retour en arrière. Cependant, les décisions du président semblent fermes et la transformation qu'il a annoncée à son arrivée fait partie de sa feuille de route. Le risque pour elle est clairement de se mettre dans une logique attentiste qui risque, au final, de laisser justement un espace à la résistance et au blocage.

L'avis du coach

Cet exercice de prise de recul a permis à Isabelle de relativiser en partie le raisonnement de départ avec l'idée que ne pas s'engager du tout risque de produire ce qu'elle craint le plus, à savoir un rejet du projet. Pour être pragmatique, elle pourrait très bien, forte de cette prise de recul, solliciter sa hiérarchie sur le sujet, jusqu'à obtenir suffisamment de garanties.

Réorganiser son temps

Sortir de son ambivalence est essentiel avant de se lancer dans le changement, mais cela ne suffit pas. Le contexte de changement conduit à une certaine désorganisation : « Pendant les travaux, la vente continue. »

___ À retenir _____

Ne pas s'interroger sur ses priorités dans ce contexte revient à faire les choses comme elles viennent, sans réel recul sur ce qui se passe.

Dans la mesure où l'enjeu du manager ou du dirigeant qui conduit le changement consiste à produire de la valeur ajoutée sur toute la durée du projet, il lui faut absolument limiter tout risque de pression excessive. Pour cela, deux recommandations :

1. se **ménager au moins 1 heure par jour** pour prendre du recul, pour décider, pour observer ;

2. prévoir des **activités de récupération** (vie privée, sociale, loisirs, vacances…) pour **recharger régulièrement les batteries.**

Savoir ce qui nous met personnellement sous pression constitue un réel atout pour mieux gérer cette pression. En effet, même si ces recommandations peuvent sembler évidentes à la lecture, la plupart des managers et des dirigeants peuvent se laissent piéger par ce qu'ils ressentent.

Ainsi, certains seront impatients de convaincre tout le monde, d'autres auront peur de perdre le contrôle des délais en déléguant, d'autres encore pourront être dans le plaisir d'agir… autant d'émotions qui invitent davantage à l'action ou à satisfaire les sollicitations plutôt qu'à se ménager des temps de recul et de récupération.

Étape 1 : revoir son organisation personnelle

LES QUESTIONS À SE POSER À PARTIR D'UNE ANALYSE DE SON AGENDA	RÉPONSES
Combien de temps par semaine avez-vous besoin de consacrer à la conduite opérationnelle de ce changement ?	
De quel temps disposez-vous pour réfléchir et prendre du recul ?	
Quel temps pourriez-vous dégager (par exemple en déléguant certaines tâches ou en renonçant à d'autres) ?	

Étape 2 : discuter de ses priorités avec sa hiérarchie

Une fois l'organisation personnelle revue, il peut être utile de partager ses priorités avec sa hiérarchie pour s'assurer que l'arbitrage qui a été fait est bien cohérent avec la vision de son n +1 et éventuellement discuter des moyens ou des renoncements que ces priorités induisent.

À retenir

Changement bien conduit commence par soi-même. Avant de se lancer dans l'action, encore faut-il identifier ses ambivalences, ses enjeux personnels et dépasser ses propres résistances pour éviter de se laisser totalement téléguider par ce filtre émotionnel (les lunettes). Par ailleurs, le changement vient perturber l'organisation du temps et les priorités. Il est donc essentiel de réorganiser son temps en se ménageant des temps de prise de recul. Cette prise de recul consistera à dépasser les situations chargées en émotion pour rester stratégique dans ses comportements, même lorsqu'il y a de la pression.

Check-list : le manager commence par lui si...

- Il a identifié ses ambivalences par rapport au changement à conduire et les a dépassées.
- Il sait repérer quand l'émotion joue un rôle déterminant dans ses comportements.
- Il a analysé son agenda, redéfini ses priorités et se ménage des temps de recul réguliers.
- En entretien, il cherche à sortir de ses a priori plutôt que de se conforter dans son avis.
- Il s'autorise un temps de réflexion face aux sollicitations et évite de systématiquement se positionner quand on le questionne.
- Il arrive à repérer l'ambivalence de ses interlocuteurs.
- Il prend 5 minutes par jour pour identifier l'effet de ses comportements sur les autres.
- Il a identifié certains de ses automatismes comportementaux pour se montrer plus stratégique.
- Il arrive à repérer ses émotions, les nommer et en mesurer l'intensité.
- Il évite de réagir à chaud dans les situations désagréables.

À combien de ces items pouvez-vous répondre « oui » ? Probablement peu, car ces éléments ne font pas partie des standards sur lesquels nous sommes formés ni des priorités que l'on se fixe en général en situation de changement. Pour vous développer sur le comportement au cœur de ces items, voir « Prendre du recul pour bien décider et anticiper l'imprévu », partie III chapitre I.

2
Prendre en compte les comportements

Que faut-il entendre par « prendre en compte les comportements » ?

Les comportements fixent la marge de progrès pour réussir le changement. Les évolutions de comportement permettront de mesurer le niveau d'appropriation du changement. En effet, se contenter de fixer l'ambition stratégique déclinée en objectifs et transformer l'organisation ne suffisent pas. Ne pas fixer un cap comportemental revient à prendre le risque de mettre en péril la stratégie ou l'organisation, aussi pertinentes soient-elles.

À retenir

Prendre en compte les comportements revient à aller au-delà des dimensions technique (finalité, objectifs), organisationnelle (responsabilités et périmètres) et sociale (négociation avec les représentants du personnel) pour véritablement agir sur la dimension humaine.

Même si tout le monde s'accorde à dire que cette dimension humaine est importante, la plupart se demandent ce qu'il faut mettre derrière. Ainsi, beaucoup de temps est consacré aux dimensions technique, organisationnelle et sociale, et souvent très peu à cette dimension humaine.

> ___ À retenir ___
>
> La dimension humaine concerne essentiellement les comportements, mais aussi les relations et les modes d'interaction les uns avec les autres.

Prendre en compte les comportements, c'est commencer par définir concrètement ce qui change. Il n'y a rien de pire que de faire croire aux collaborateurs que rien ne va changer pour eux ! Plutôt que rassurer, cela inquiète et pose la question du sens : pourquoi changer si cela ne change rien ? !

Ensuite, c'est estimer que le changement comportemental ne va pas de soi, prend du temps (temps nécessaire à l'appropriation) et suppose un travail personnel (besoin de comprendre, de s'approprier, mais aussi de s'impliquer pour le rendre réel).

Prendre en compte les comportements revient à répondre à ces 2 questions :

1. Qu'est-ce qui va changer pour chacun ?
2. Comment faire apparaître ces nouveaux comportements ?

Une fois le cap comportemental fixé, il s'agira de mesurer l'appropriation progressive :

1. À quoi peut-on concrètement observer ce qui change ?
2. Quels sont les stades d'appropriation du comportement dans chaque équipe ? Qu'est-ce qui est différent ?

Ainsi, les indicateurs de chaque changement sont déclinés au niveau de chaque équipe et même au niveau de chaque individu.

> ___ Un raisonnement qui aide à expliciter
> le changement sur le plan comportemental ___
>
> « Si l'on n'explicite pas les évolutions de comportement à accompagner, il y a peu de chances que de réelles évolutions apparaissent et s'installent durablement. »

Fixer un cap comportemental

Étape 1 : exprimer clairement ce qui doit changer

Expliciter ce qui doit changer suppose de définir les comportements à faire évoluer pour réussir l'ambition stratégique et garantir l'efficacité de la nouvelle organisation. Les priorités managériales sont choisies de manière à produire les comportements attendus chez chaque collaborateur. Ainsi, ces comportements (des managers et des collaborateurs) sont contextuels, c'est-à-dire en lien avec la stratégie et l'organisation, et donc fonction de ce que vit à ce moment particulier l'entreprise. Ce ne sont pas des comportements idéaux, absolus, et donc encore moins des valeurs.

> ___ *À retenir* ___
>
> *C'est en précisant les évolutions de comportement nécessaires pour réussir les enjeux stratégiques et pour que la nouvelle organisation fonctionne de manière fluide[1] que ces changements pourront réellement se produire.*

En effet, ce qui est « optimal », écrit sur un papier (organigramme, procédure, note de service, fiche de poste, *business plan*…), ne fonctionne pas forcément aussi bien en réalité.

Quand le rapprochement physique génère plus de distance

Prenez deux services qui doivent travailler ensemble et que l'on installe au même étage à cette fin. L'idée que la collaboration se mette en place naturellement est fausse. Dans une direction informatique, un déménagement regroupant des équipes s'est traduit par un repli sur soi de chacun au travers de l'écoute de musique par oreillettes.

---

1. Pour en savoir plus sur la construction d'une cohérence entre les enjeux stratégiques, les progrès collectifs, les comportements et les priorités managériales, lire l'ouvrage de Éric Albert, *Managers, faites-en moins !*, Éditions d'Organisation, 2007.

Expliciter ce qui doit changer n'est pourtant pas si simple. Le bon curseur entre rester trop flou ou décréter le changement (« Il faut… Vous devez… ») reste à trouver.

À retenir

Expliciter ce qui change doit permettre à chacun de comprendre l'état d'esprit attendu plutôt que de décrire ce qu'il faut faire.

Car, lorsque cet état d'esprit est bien compris et approprié, chacun trouve la façon de faire. Mais force est de constater que le mot « comportement » pose deux problèmes majeurs.

D'abord, il renvoie directement à l'enfance, aux bulletins scolaires et aux fameux « problèmes de comportement ». Le comportement est souvent trop vite associé à ce qui ne va pas, à la discipline, au savoir-vivre. Ce terme trouve alors difficilement sa place en entreprise ; y parler de comportement suppose de le positionner au niveau du rôle et de l'efficacité dans l'exercice des responsabilités de chacun.

Les managers sont tout à fait légitimes pour aborder le sujet comportemental s'ils font référence au rôle de leurs collaborateurs (et pas à leurs valeurs ou à leur personnalité).

Exemple : « *Je souhaite que vous* **preniez des initiatives** », plutôt que : « *Faites-vous confiance, allez-y !* », ou : « *C'est important de se montrer courageux.* »

Ensuite, le comportement renvoie au bien et au mal : « *Il y aurait les bonnes et les mauvaises façons de faire*[1]. » Ainsi, travailler sur les comportements revient à faire du clonage, à formater les individus pour leur faire appliquer de nouvelles routines. Alors que le but recherché d'une démarche comportementale est, à l'inverse, de savoir adapter ses comportements à la spécificité des situations.

---

1. Vision anglo-saxonne du comportement qui décrit ce qu'il faut faire. Le comportement devient une procédure de plus à suivre.

À retenir

Peu importe l'étiquette comportementale, partager l'état d'esprit permet de construire un référentiel collectif par rapport à l'objectif recherché. Chacun trouvera alors ses propres manières de rester dans cet état d'esprit, et donc de s'adapter, en fonction des situations qui se présentent.

Illustration de la démarche « 100 % client » dans le secteur de la distribution. Objectif : passer d'une culture d'« expertise produit » à une culture du « sens du client »

Certains managers ont décliné les 5 attitudes gagnantes pour le client : je souris, je dis « bonjour », je réponds au besoin précis, je présente au moins 3 produits, je remercie de la fidélité. Le dispositif prévoyait un système de contrôle de l'application des attitudes gagnantes corrélées aux primes. D'autres managers ont travaillé avec leurs équipes pour définir les caractéristiques du « sens du client » dans leur magasin. Ils ont déterminé ensemble quelques repères majeurs de satisfaction comme le temps d'attente et ont réfléchi aux conditions pour qu'un client ait envie de revenir régulièrement.

Alors que les vendeurs ont beaucoup résisté aux attitudes gagnantes parce qu'ils se sont sentis infantilisés et rabaissés dans leur travail, l'équipe qui a contribué au référentiel sur le sens du client s'est préoccupée de ce sujet puis s'est mobilisée pour faciliter la vie des clients au quotidien et faire de son magasin « le préféré des clients ».

S'autoriser à travailler sur la dimension comportementale suppose de partir du rôle et de l'efficacité professionnelle dans un contexte particulier d'entreprise. Aucun comportement n'est bon ou mauvais en soi : un comportement est efficace ou contre-productif dans une situation particulière. Lorsque le contexte (ou la situation) change, le comportement efficace change probablement aussi. *Idem* sur le plan managérial. Contrairement à ce que prétendent certains, il n'y a pas de mode de management « idéal », mais des temps managériaux dans lesquels certains comportements garantissent davantage l'atteinte des objectifs et sont donc plus efficaces.

Ainsi, dans l'absolu, être participatif n'est pas mieux que d'être directif. L'excès de l'un ou de l'autre posera généralement des problèmes. En période de crise, une certaine directivité rassurera probablement les équipes, alors qu'en période de changement un juste dosage entre les deux sera à trouver.

Les 3 questions pour définir ce qui change sur le plan comportemental sont :

- Qu'est-ce qui doit évoluer au niveau de chaque collaborateur individuellement ?
- Et lorsqu'ils travaillent ensemble ?
- À quels moments pourra-t-on voir du changement (dans quelles situations concrètes) ?

— **Attention !** —

Le comportement n'est pas une façon d'organiser le travail, ni une procédure de plus ni une émotion (enthousiasme, plaisir…), et encore moins une valeur (honnêteté, courage…).

Donnons quelques exemples de comportements : prioriser (y compris sur le sens du client), partager, contribuer au collectif, faire preuve de rigueur, aller à l'essentiel, prendre du recul, s'impliquer, s'adapter, oser, se remettre en cause, innover, hiérarchiser…

Étape 2 : trouver les mots pour le dire

Puisque le terrain comportemental est potentiellement sensible en entreprise, il convient de prendre ses précautions. Communiquer sur les comportements à changer ne suffit pas, encore faut-il donner du sens à cette démarche (pourquoi travailler sur les comportements ?) et aussi se demander comment le message va être entendu, compris, interprété. Parler des comportements doit générer une prise de conscience suffisante de ce qui doit changer, mais sans rigidifier le système. En effet, il s'agit de donner envie de se mettre en mouvement. La façon de dire les choses sera aussi importante que les mots choisis.

Illustration d'un malentendu

Un de nos clients souhaitait un « changement culturel » sur l'un de ses sites. Les managers opérationnels ne comprenaient pas qu'on leur reproche de ne pas changer alors qu'ils s'étaient beaucoup adaptés ces dernières années et qu'ils étaient prêts à le faire encore. Le message implicite des directeurs – « Rien ne va, changez ! » – n'a pas produit la mise en mouvement attendue, mais, au contraire, une certaine résistance. Rapidement, nous avons constaté que le diagnostic des marges de progrès du site était pourtant grandement partagé entre la direction et les opérationnels : besoin de relever le niveau d'exigence, et de développer la proactivité et l'anticipation. Le blocage ne venait pas d'un désaccord de fond, mais d'un problème de forme : les directeurs déçus et agacés que l'équipe managériale ne se prenne pas en main se sont progressivement enfermés dans un mode de communication général, flou et ironique qui a progressivement conduit au malentendu.

Le changement comportemental à opérer devient assez vite évident pour celui qui conduit le changement. Il voit très bien la marche à franchir (pour les autres), compte tenu de sa vision d'ensemble et de sa position de recul. Seulement il est plus facile de voir ce que les autres doivent changer que de balayer devant sa porte. Si c'est évident pour moi, comment éclairer le chemin pour les autres ? Comment leur éviter de se retrouver pris au piège de l'impatience et du flou, du manque de sens, etc. ?

L'agacement du manager qui passe son temps à répéter ce qui ne va pas devrait constituer une alerte intéressante. Puisque dire et répéter ne fonctionne pas, il faudrait probablement trouver une autre façon de faire. Logique. Pourtant, je rationalise : je ne dois pas être assez clair/ils font exprès de ne pas comprendre/ils ne veulent pas changer. Dans ces conditions, il y a peu de chances de chercher d'autres manières de dire les choses ! Ainsi, de nombreux dialogues de sourd se mettent progressivement en place dans les équipes avec toujours plus d'incompréhension, de sentiment d'injustice, voire de méfiance du côté des collaborateurs, et toujours plus d'agacement et de sentiment d'impuissance du côté du manager.

Sortir de ce cercle vicieux suppose de le repérer puis de trouver une marge de manœuvre comportementale pour faire un peu autrement que répéter une énième fois. Répondons à la question : comment puis-je m'y prendre pour produire une prise de conscience et une mise en mouvement ?

1. En étant précis et illustratif sur ce qu'on attend (donner du sens) : « *Quand je parle de changement culturel, en fait j'attends que vous et vos équipes vous remettiez davantage en cause parce que, sinon, on risque peu à peu de perdre du terrain.* »

2. En montrant que l'on tient compte du fait que ce n'est pas si simple : « *Nos métiers de fonctions supports, qui sont assez normatives et normées, ne poussent pas naturellement à cela, mais nos processus ne doivent pas devenir des carcans…* »

3. En faisant une demande claire de changement : « *Ce que j'attends de vous, c'est d'orchestrer ce changement au niveau de vos équipes. Comment pouvez-vous produire cette proactivité et cette capacité de remise en cause dans vos équipes ?* »

Encourager l'apparition des comportements

Étape 1 : distinguer le collectif de l'individuel

Ce qui peut se partager collectivement, c'est l'état d'esprit général et le référentiel comportemental (c'est-à-dire les critères de mesure du progrès : quelles situations ? Quand ? Avec qui ?). Mais la marge de progrès comportemental est strictement individuelle.

Faire un feed-back à bon escient

Christophe est manager d'une équipe d'actuaires dans une compagnie d'assurances. Compte tenu des enjeux de développement et d'industrialisation, il souhaite que ses collaborateurs contribuent aux innovations en améliorant les collaborations transverses. Par ailleurs, il a constaté que certains se dispersent et ne sont pas concentrés sur l'essentiel. En réunion hebdomadaire, il y a 2 mois, il a souligné qu'il attend de tous cet effort de concentration sur les priorités du service dans l'espoir que les personnes principalement concernées se reconnaissent et changent. Anne s'était alors énervée. Il faut dire que, dans l'équipe, c'est celle qui s'est le mieux approprié les enjeux et fait attention au temps qu'elle consacre aux plus petits projets. En revanche, les autres n'ont pas du tout évolué sur le sujet.

L'avis du coach

Utiliser un temps collectif pour faire un feed-back est assez risqué car, la plupart du temps, les personnes réellement concernées ne se sentent pas visées, alors que celles qui ne le sont pas spécialement le prennent mal et trouvent le reproche injuste puisque, en général, elles agissent déjà dans le sens du changement attendu.

Comment Christophe peut-il insuffler cette préoccupation de rester concentré sur l'essentiel ?

Voici ce qu'il peut être utile de faire en petits groupes de collaborateurs (dans un premier temps) :

* le manager fait réfléchir aux risques à ne pas mettre en œuvre ce changement, et éventuellement aux bénéfices : quel est le risque encouru si l'on ne se concentre pas sur les produits phares à développer ?

* le manager fait concrétiser l'état d'esprit attendu : comment cela se passe-t-il aujourd'hui pour ceux qui ont cet état d'esprit ? À quels moments est-ce le plus facile ? Dans quelles situations est-ce crucial ? Quelles difficultés cela représente-t-il ? Quels sont les indicateurs qui permettront de mesurer nos progrès ?

... Et ce qui relève vraisemblablement de l'individuel (dans un second temps) :

* faire un retour au collaborateur sur son comportement actuel par rapport à ce qui avait été décidé collectivement pour définir un objectif de progrès, puis l'aider à construire un plan d'action spécifique : quelles sont les situations concrètes ou les zones de

changement ? Quelles pratiques doit-il faire évoluer ? Quelle façon de mesurer les progrès peut-on envisager ?

• l'objectif est censé être différent pour chacun : « *Il y a ceux qui se dispersent et travaillent en multiprojets, mais qui, du coup, n'avancent sur rien, il y a ceux qui passent beaucoup de temps sur des projets mineurs, il y a ceux qui travaillent en mode séquentiel et qui n'intègrent pas suffisamment le degré d'urgence…* »

Ainsi, la concrétisation sur le plan collectif se poursuit par une spécification propre à chaque individu.

À retenir

C'est par une réflexion collective que l'on peut partager l'état d'esprit qui se traduira, dans un second temps, en plans d'action concrets pour chacun et en un suivi dans le cadre de la relation managériale.

Étape 2 : définir les principaux freins

Exprimer clairement ce qui doit changer puis faire contribuer à la concrétisation de l'état d'esprit attendu est essentiel, mais insuffisant. En effet, le changement comportemental ne se décrète pas. Souvent, lorsque les comportements attendus ne se mettent pas en place, c'est parce qu'il existe des freins puissants, notamment de nature émotionnelle.

Ainsi, si deux équipes ne travaillent pas ensemble, alors qu'elles ont été réunies sur un même plateau, c'est généralement du fait des a priori des uns vis-à-vis des autres, et réciproquement : « *Ils ne pensent qu'à eux et à se valoriser auprès de la direction* »/« *On ne peut rien leur demander, ils disent toujours être débordés* ». Si on ne lève pas ces a priori, la collaboration ne risque pas de s'améliorer.

Même si tous sont d'accord sur l'état d'esprit à avoir pour que la collaboration soit efficace, il n'est pas garanti que les changements comportementaux se mettent en place.

Identifier le principe d'efficacité de son collaborateur

Laurent travaille dans une banque de financement et d'investissement. Il a demandé à l'un de ses collaborateurs de se montrer plus curieux et d'oser davantage solliciter les autres pour élargir sa connaissance des produits dérivés. Ce dernier est d'accord sur le principe, mais il ne voit pas comment faire. Il faut dire qu'il a eu l'habitude de faire les choses par lui-même sans ne rien demander à personne. Il ne se voit pas solliciter ses collègues, d'autant que, dans ce métier, les gens sont très individualistes, ils n'ont pas de temps à perdre pour aider les autres.

L'avis du coach

Le principal frein de ce collaborateur est qu'il pense qu'« il faut se débrouiller seul ». Sa logique d'efficacité repose sur un principe d'autonomie. Non seulement le collaborateur de Laurent est dans le plaisir de faire par lui-même, mais en plus il serait bien embarrassé de déranger un de ses collègues. Il a peur d'importuner et de se faire envoyer promener.

Le changement comportemental de ce collaborateur prendra vraisemblablement du temps. Le fait de solliciter et travailler avec les autres devra s'organiser : d'abord avec des collègues avec lesquels c'est peut-être un peu plus facile et sur des sujets sur lesquels il est à peu près certain qu'on l'aidera. Bref, le changement de comportement du collaborateur de Laurent s'organise et s'accompagne[1].

Étape 3 : se montrer exemplaire

La priorité managériale la plus souvent citée est l'exemplarité. Il faut montrer à ses collaborateurs que l'on change si on leur demande de changer. Pourtant, puisque le manager fait faire plus qu'il n'est censé faire lui-même, montrer l'exemple ne se limite pas à s'astreindre à la

---

1. Pour en savoir plus, voir « Accompagner », partie III chapitre 3.

même discipline que ses collaborateurs. Il ne suffit pas de ne pas faire ce que l'on ne veut pas que ses collaborateurs fassent, il faut identifier ce qui, dans leurs pratiques, peut empêcher l'apparition du comportement attendu.

Illustration avec Béatrice, au Comex d'une entreprise d'assurances dont l'équipe n'est pas assez transverse

« Le problème, c'est qu'ils critiquent facilement les autres équipes.

Comment ça, ils critiquent ?

Régulièrement, ils disent que ce que fait telle ou telle équipe, c'est nul.

Donc, ils dénigrent le travail des autres. Et comment réagissez-vous ?

C'est simple, je ne dis rien.

Comment ça, vous ne dites rien ?

En fait, je suis assez d'accord avec eux… »

Bien « qu'exemplaire », le comportement actuel de Béatrice n'encourage pas la transversalité. « Ne pas critiquer » ne suffit pas, car ne rien dire revient à cautionner la critique. Être véritablement exemplaire supposerait de réfléchir ensemble à la situation : « En quoi ce qui a été fait ne convient-il pas ? Comment cela a-t-il été discuté avec l'autre équipe ? Que faut-il faire pour ne pas en rester à ce constat navrant ? »

Faire apparaître un comportement dans une équipe suppose très souvent de remettre en cause certaines pratiques managériales qui ne sautent pourtant pas aux yeux quand on est dans la situation. Si des collaborateurs n'innovent pas, c'est peut-être que le mode de management est trop directif, contrôlant. Mais quand, concrètement ? Comment ce manager réagit-il face aux erreurs, aux propositions qui lui sont faites ? À chacun de se questionner sur son mode de management…

Après avoir pris conscience de ce qui peut bloquer le comportement[1] attendu des collaborateurs, sortir de l'impasse managériale revient à **changer pour faire changer.**

Partager son exemplarité

En introduction d'un séminaire sur le leadership, un grand dirigeant insistait sur l'effort de subsidiarité demandé pour faire baisser le centre de gravité de l'entreprise. Il ajoutait : *« Moi-même, je m'y confronte régulièrement. Quand on me demande mon avis, je réponds : "Ne m'en parle pas", "Décide", "Occupe-t'en", "Vas-y". Ce n'est pas facile, mais je me force. »*

L'exemplarité des managers et des dirigeants revient à montrer qu'ils sont des facilitateurs du changement qu'ils demandent. Ils sauront d'autant mieux qu'il n'est pas facile de changer s'ils ont eux-mêmes expérimenté le changement comportemental.

À retenir

Prendre en compte les comportements suppose de préciser ce qui doit changer dans la façon d'exercer le métier (y compris dans les interactions avec les autres). C'est en se mettant d'accord sur l'état d'esprit recherché et sur les situations de progrès envisagées que chacun pourra ensuite imaginer de nouvelles façons de faire. Au manager de fixer le cap collectivement et d'encourager individuellement l'apparition des comportements. Son rôle est de faciliter le changement sans en sous-estimer la difficulté (due aux freins émotionnels).

---

1. Pour en savoir plus sur les modalités concrètes de construction de son changement comportemental, voir l'ouvrage de Fabrice Piroux, *Managers, devenez votre propre coach*, Éditions d'Organisation, 2008.

Check-list : un manager prend en compte les comportements si...

- Il a identifié le comportement majeur à faire évoluer pour que le changement soit réussi.
- Il s'interroge sur les pratiques managériales qui vont dans le sens de ce comportement.
- Il a partagé clairement son attente comportementale avec ses équipes.
- Il a exprimé sa propre contribution à ce changement (son effort personnel).
- Il a réussi à créer plus de prise de conscience et de réflexion que de rejet et de justification.
- Il a fait réfléchir les équipes à l'état d'esprit suggéré par le comportement attendu.
- Il a fait prendre quelques engagements collectifs dans des situations concrètes de progrès.
- Il s'est octroyé du temps pour définir un objectif comportemental spécifique à chacun.
- Il cherche à repérer les principaux freins à supprimer pour chacun de ses collaborateurs.
- Il mesure et suit régulièrement l'appropriation et la concrétisation du changement comportemental sans dire/prescrire et répéter ce qu'il faut faire/changer.

À combien de ces items pouvez-vous répondre « oui » ? Probablement peu, car ces éléments ne font pas partie des standards sur lesquels nous sommes formés ni des priorités que l'on se fixe en général en situation de changement. Pour vous développer sur le comportement au cœur de ces items, voir « Accompagner », partie III chapitre 3.

3

Créer une impulsion

Donner l'impulsion revient à officialiser le changement avec l'enjeu de produire un élan, une dynamique. Philippe Bernoux décrit ce phénomène dans *Sociologie du changement* : « *Dans les organisations, les responsables peuvent avoir conscience des changements à introduire alors que les autres acteurs n'en ont qu'une idée lointaine, à moins que ce ne soit l'inverse, les exécutants voyant ce qu'il faudrait faire tandis que les dirigeants en restent à la situation actuelle qui leur paraît satisfaisante. Le changement aura lieu lorsqu'un groupe assez fort comprendra que de nouvelles manières de faire sont possibles et souhaitables et parviendra à en montrer l'intérêt[1].* »

La même idée est reprise par John P. Kotter[2] avec une première étape consistant à créer un sentiment d'urgence, produire un électrochoc, faire prendre conscience de la nécessité du changement et l'importance d'agir immédiatement. En effet, derrière le sentiment d'urgence, il y a l'idée d'une impérieuse nécessité à changer avec le risque mortifère de ne pas le faire. Parfois ce risque existe, en particulier dans les PME, plus fragiles. Dans les grandes entreprises, en revanche, les changements qui se succèdent laissent à penser que le dernier n'en est qu'un de plus que les précédents, et que d'autres viendront.

---

1. Philippe Bernoux, *Sociologie du changement dans les entreprises et les organisations*, *op. cit.*
2. John Kotter, *The Heart of Change*, et la fable *Alerte sur la banquise !*, *cf.* bibliographie.

Ainsi, dans les entreprises qui ont pu renoncer au changement par le passé, bon nombre de managers sont tentés d'attendre d'être vraiment sûrs que le projet va se faire avant de donner l'impulsion. Le sentiment d'urgence devient une urgence à attendre et à ne pas se précipiter. Or, plus le changement est en rupture avec le passé, plus se l'approprier prendra du temps. Donc, impulser suppose de choisir le bon moment : pas trop tôt mais pas trop tard non plus. Tant que le changement n'est pas officiel, tout ce qui est dit et entendu n'est que rumeur. Il s'agit de faire face à l'incertitude, car plus l'incertitude dure, plus les scénarios complexes s'élaborent.

À quoi peut-on savoir qu'il est trop tard ? En dehors de tous les aspects légaux de négociation sociale, le manque d'information se traduit par toujours plus de rumeurs. Ne pas savoir revient à un manque de contrôle, et en retrouver revient à se projeter. Chacun brode à partir du peu d'information qu'il arrive à obtenir ou qu'il interprète des réactions d'« en haut ».

En quoi cela pose-t-il des problèmes ? Cela pose problème d'abord parce que, la plupart du temps, ces rumeurs et ces scénarios s'élaborent en dehors des managers (soit parce que cela ne les intéresse pas, soit parce que les collaborateurs préfèrent en parler entre collègues). Ensuite, parce qu'une fois lancée, la rumeur se diffuse. Malheureusement, plus il y a eu de rumeurs et de scénarios, plus il sera difficile de mobiliser sur la réalité du changement.

Comme en situation de changement les automatismes (y compris managériaux) ont tendance à se renforcer, il est essentiel de savoir comment je fonctionne. Si j'ai tendance à tout partager avec mes collaborateurs, je risque de leur transmettre mes doutes ou mes insatisfactions (sauf à avoir pris le temps de dépasser mes ambivalences, *cf.* chapitre 1« Commencer par soi »). Si, au contraire, j'attends d'avoir tous les éléments avant de communiquer, je risque de laisser chacun imaginer ce qui va se passer et, ainsi, de générer beaucoup de résistance (qu'il faudra lever, *cf.* chapitre 4 « Lever les résistances »).

Les pièges à éviter pour donner l'impulsion :

💣 Imaginer qu'un discours va convaincre tout le monde tout de suite.	☞ L'état d'esprit à garder en tête pour impulser le changement : « *Ce qui compte, c'est de préparer les esprits, d'initier une dynamique pour y revenir régulièrement.* »
💣 Attendre d'avoir tous les éléments et toutes les réponses avant de communiquer.	
💣 Ne pas expliciter concrètement ou être imprécis sur ce qui va changer.	

Comment, concrètement, donner l'impulsion ?

Donner du sens au changement

Si donner du sens est une condition majeure d'efficacité managériale en général, c'est d'autant plus décisif en situation de changement car, alors, l'ensemble des repères sont perdus ou faussés. Ainsi, le changement sans lien explicite avec le contexte externe et/ou interne qui l'impose peut conduire à cette impression que l'on change pour changer ou que ce n'est qu'un changement de plus.

D'autant que ce manque de repères pousse à se raccrocher à ce que l'on connaît. Par exemple, l'idée selon laquelle on refait le projet X des années plus tard peut rapidement se diffuser. C'est l'« effet Canada Dry » : le changement ressemble de près à un autre, mais est-ce bien le même ? La différence de contexte peut rester sous-estimée, voire totalement négligée si le management ne la souligne pas.

Prendre le temps de donner du sens – c'est-à-dire d'expliciter les déterminants de la décision de changement ou des orientations qui sont prises, les bénéfices attendus ou recherchés, la réalité de ce que cela risque de changer pour chacun – permet d'éviter toute confusion, effet de halo et amalgames.

Le changement fait sens pour les collaborateurs à partir du moment où ils peuvent répondre avec précision aux questions suivantes :

- À quoi ce changement sert-il ? Pourquoi faut-il le faire ?
- Pourquoi maintenant ? Quel risque y a-t-il à ne rien changer ?

© Groupe Eyrolles

- Qu'est-ce qui change véritablement ?

Seulement, donner du sens au changement ne suffit généralement pas à ce qu'il fasse sens pour les collaborateurs. Leur permettre de trouver du sens à ce changement suppose de les faire réfléchir (*cf.* chapitre 4 « Lever les résistances ») pour qu'ils puissent se l'approprier.

Fermeté sur le cap, souplesse pour y parvenir

Pour impacter et donner l'impulsion, il convient d'être clair et assez directif sur la destination (la cible). Personne n'a envie de suivre un capitaine qui n'a pas l'air confiant et qui a tendance à laisser l'équipage décider à sa place. Pourtant, cette forme de directivité n'exclut pas une certaine ouverture sur la façon d'y arriver (moyens, étapes, etc.). Il n'y a rien de pire qu'un projet complètement ficelé dans lequel il ne reste plus aucun espace de contribution.

Or, ce qui est compliqué, c'est justement d'être à la fois directif et participatif. La plupart des managers sont plus à l'aise dans l'une que dans l'autre de ces attitudes, en fonction notamment de leur rapport au contrôle : plus je suis directif, plus je cherche à garder le contrôle. Et qui plus est si j'ai tendance à être impatient, car dire ce qu'il faut faire donne l'impression que les choses vont se passer plus vite. Lâcher prise serait prendre un risque, mais lequel exactement ? Car ce lâcher prise est une condition de l'appropriation par la contribution possible.

Une fois le cap fixé, l'espace de contribution est à définir. Demander aux collaborateurs d'oser et de prendre des initiatives ne suffit pas, il faut leur expliquer comment y travailler.

Du collectif à l'individuel

« Chaque manager va travailler avec ses équipes pour partager un constat des pratiques actuelles et définir les sujets sur lesquels il y a probablement de la marge de progrès en termes d'innovation. Dans un second temps, au moment de l'entretien annuel, il discutera avec chacun de son niveau d'initiatives pour, éventuellement, fixer un objectif et un plan d'action personnel sur ce sujet. »

Doser l'impact émotionnel

Le changement crée naturellement des émotions. Dans la communication, deux écueils sont à éviter : le nier (sous-entendre que rien ne change ou que ce n'est pas grave) ou en rajouter. Ainsi, un juste dosage doit être trouvé : il s'agit d'inquiéter pour susciter suffisamment de défi et, en même temps, de rassurer pour donner envie (c'est possible, ce n'est pas totalement inaccessible).

Même si le discours est essentiel, ce ne sont pas les mots que l'on retient, mais plutôt l'énergie qui est transmise, ou pas. Si le manager voit le changement comme une réelle opportunité, il pourra plus facilement partager ce qu'il ressent que s'il n'est pas du tout convaincu. Les meilleures techniques de communication ne remplaceront jamais la sincérité et le pouvoir d'évocation de ce qui est personnel à chacun. Transmettre de l'émotion et impacter, suppose de partir de ses propres émotions. Partez donc de ce dont vous êtes fier/ce qui vous semble insuffisant, ce qui vous agace/déçoit dans les pratiques actuelles, ce qui vous enthousiasme, l'avenir dont vous pourriez être fier collectivement, etc.

De l'excès au défaut d'enthousiasme

Il y a des projets auxquels on est fier de contribuer : une nouvelle ligne TGV ou la sortie d'un nouveau produit. Les équipes travaillent pendant de longs mois, portées par cet élan, au risque d'oublier l'importance de se préserver un certain équilibre de vie (vie sociale, vie familiale). Il faut dire qu'une fois que l'on place tout son capital émotionnel dans l'entreprise et dans les activités que l'on fait pendant la journée non seulement il ne reste plus grand-chose le soir et le week-end, mais surtout la vie semble bien terne par rapport à cette intensité émotionnelle. Ce manque d'équilibre ne pose pas de problèmes jusqu'au moment où le projet se termine : comment combler ce vide, alors que tout le reste est passé au second plan ? On peut comprendre que certaines fins de projet ou de carrière se terminent par une belle dépression.

Au contraire, il est des projets que l'on conduit mécaniquement, parce qu'il le faut, notamment parce que la législation ou le marché l'impose. Une totale neutralité complique l'engagement et l'investissement, tout comme l'excès d'enthousiasme peut devenir toxique. Il peut toutefois être utile de comprendre ce qui est à la racine de la quantité d'émotion injectée, car, dans un cas, cela semble « normal » de surfer sur la fierté au risque d'aller trop loin, alors que dans l'autre la crainte est probablement d'en faire trop, au risque de ne rien faire du tout !

Voici quelques questions pour se préparer à communiquer sur le changement :

1. Qu'est-ce qui montre que je suis convaincu par le bien-fondé de ce changement ? (voir chapitre 1, § « Sortir de l'ambivalence par rapport au changement »)

2. Est-ce que j'ai réfléchi aux mots et à la façon de dire les choses à ces interlocuteurs pour qui tout commence ou presque ? (voir chapitre 2, § « Fixer un cap comportemental »)

3. Comment vais-je pouvoir donner du sens ?

4. Suis-je clair sur ce qui est non négociable (ce vers quoi on va : la cible) et ce qui l'est (les façons d'y arriver) ?

5. Quel est l'état émotionnel des troupes, et quel est mon objectif (raisonnable) ?

À retenir

Donner une impulsion revient à officialiser le changement pour embarquer le plus grand nombre de personnes. Pour cela, il est essentiel de donner du sens à ce changement, mais aussi de fixer un cap clair. Cette phase de communication « descendante » n'est qu'un point de départ, à partir duquel il faudra ensuite revenir. Au manager de se préparer tant sur le fond que sur la forme (injecter suffisamment d'émotion mais sans excès) : à lui de donner envie de contribuer à une nouvelle étape de l'entreprise.

Check-list : un manager crée une impulsion si...

- Il n'attend pas d'avoir tous les éléments précis pour communiquer sur le changement.
- Il explicite les raisons de ce changement sans donner le sentiment qu'il est totalement subi.
- Il explique comment ce changement s'inscrit dans l'histoire de l'entreprise.
- Il propose un cap ambitieux, mais réaliste (sans nier/sous-estimer les difficultés).
- Il précise le changement de comportement attendu et permet de comprendre l'état d'esprit.
- Il donne envie de vivre cette expérience de changement et partage son enthousiasme, mais sans en faire trop.
- On le sent impliqué, il s'engage dans une dynamique de changement personnelle.
- Il donne de la visibilité sur les grandes étapes de mise en œuvre.
- Il laisse un espace de contribution dans l'application opérationnelle.
- Il n'est pas dans l'illusion que le fait d'en avoir parlé une fois va suffire.

À combien de ces items pouvez-vous répondre « oui » ? Probablement peu, car ces éléments ne font pas partie des standards sur lesquels nous sommes formés ni des priorités que l'on se fixe en général en situation de changement. Pour vous développer sur le comportement au cœur de ces items, voir « Donner envie », partie III chapitre 2.

Lever les résistances

Qu'est-ce que la résistance, sinon une façon de faire face à une situation stressante : comment affronter ces nouvelles contraintes induites par le changement ? Gérer ce stress[1] suppose d'identifier de nouvelles ressources (en soi ou à l'extérieur) pour compenser ces contraintes. Ainsi, résister au changement constitue une première étape d'appropriation, car se positionner prouve que le changement n'est alors plus totalement extérieur.

Permettre l'appropriation induit donc d'accompagner cette phase de résistance. S'approprier un changement peut nécessiter de faire « le deuil » du passé ou de certaines habitudes et d'accepter de perdre ses repères avant d'en construire de nouveaux.

Ainsi, le **processus d'adaptation** peut se comparer au stress ressenti lors d'une **perte significative**. C'est pourquoi il a été comparé au travail de deuil[2] : reconnaître et **accepter la perte et ses conséquences**.

---

1. Pour en savoir plus, lire l'ouvrage d'Éric Albert et Laurence Saunder, *Stress.fr*, Éditions d'Organisation, 2010.
2. Travaux d'Elisabeth Kübler-Ross repris par Anne Ancelin Schützenberger et Évelyne Bissone Jeufroy dans *Sortir du deuil*, Payot, 2008.

Réengagement

Action (enthousiasme) Ça avance

Choc

C'est pas possible **Déni**

Élaboration (satisfaction) C'est possible

C'est inacceptable **Colère**

Quel dommage ! **Tristesse**

Négociation (doutes) Est-ce que je vais y arriver ?

Peur, anxiété

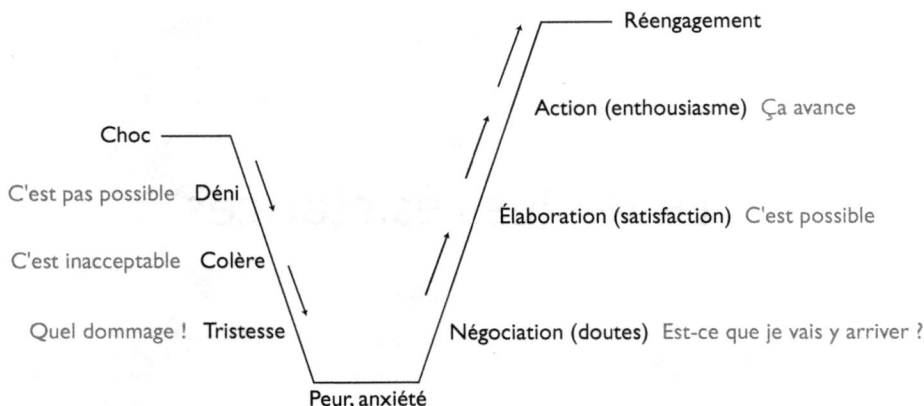

La courbe émotionnelle du changement

___ *Attention !* _____

Cette courbe simplifie la réalité. Les perceptions sur un changement ne peuvent être qu'individuelles et spécifiques, et souvent, comme nous l'avons vu précédemment, pleines d'ambivalence. De plus, contrairement à ce que laisse penser la courbe, ce n'est pas un processus totalement linéaire et le réengagement n'a rien de systématique.

Pourtant, cette courbe émotionnelle du changement est intéressante pour prendre conscience que **l'on ne fonctionne pas tous de la même façon** et, surtout, pour **concrétiser le décalage entre des managers enthousiastes à l'idée de conduire la transformation** (car ils ont dépassé leurs ambivalences) **et des collaborateurs qui découvrent le projet** et qui peuvent ne rien y trouver d'enthousiasmant.

___ *À retenir* _____

Lever la résistance consiste à encourager progressivement les collaborateurs à faire évoluer leurs perceptions.

Cependant, faire évoluer les perceptions ne peut être que progressif. Il est en effet impossible de voir les bénéfices à venir tant que le changement est vécu comme une perte de repères ou comme générateur de difficultés.

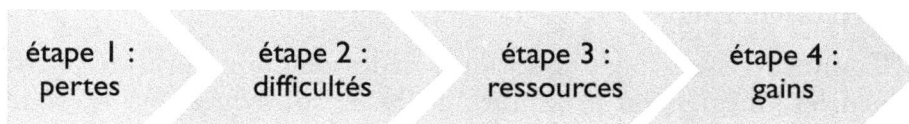

| étape 1 : pertes | étape 2 : difficultés | étape 3 : ressources | étape 4 : gains |

Le processus pour mener un changement

En situation de changement, il est tentant :

- de sous-estimer ou de nier les pertes et les difficultés de chacun/chaque équipe ;
- d'espérer gagner du temps sur les étapes 1, 2 et 3 en passant directement aux gains.

Chaque étape est nécessaire à l'appropriation et la seule façon de gagner du temps est de commencer par en perdre en libérant l'expression.

Pourquoi est-il si important de lever les résistances ?

Lever la résistance permet de comprendre comment les autres voient le changement. Chaque fois que la résistance s'exprime, un début d'appropriation est possible. Si le manager ne prend pas en charge la résistance, elle s'exprime, mais en dehors de lui, et ainsi démarrent les rumeurs et les projections. Progressivement la résistance a tendance à s'étendre. Par ailleurs, la résistance correspond à l'expression de la difficulté à quitter un mode de fonctionnement qui convient. Finalement, c'est une sorte de demande de ressource (ou d'aide).

Comment s'y prendre concrètement pour lever les résistances ?

Il s'agit de laisser s'exprimer, voire d'encourager l'expression des doutes, des questions et des critiques. Ensuite, il convient de faire le diagnostic du type de résistance à l'œuvre pour trouver le mode d'action le plus approprié (faire relativiser, aider à trouver des solutions ou limiter le risque de contamination). Mais dans ce type d'exercice la difficulté est émotionnelle. Car confrontés à la résistance, nous avons tendance à adopter des comportements de défense ou d'évitement.

Comment vivez-vous les critiques et les questions (souvent pertinentes) lorsque vous présentez un dossier sur lequel vous travaillez depuis plusieurs semaines ? Comment gérez-vous le fait que certains n'y voient pas d'intérêt ou ne comprennent rien ?

Les pièges à éviter pour lever les résistances :

💣 Imaginer que vos arguments sont meilleurs que ceux de vos collaborateurs.	☞ L'état d'esprit à garder en tête pour lever les résistances : « *L'avis de chacun est important (plus que le vôtre) et plus la résistance s'exprime dans le groupe, plus l'appropriation devient possible.* »
💣 Répondre du tac au tac sans avoir laissé quelqu'un d'autre donner son avis.	
💣 Répondre sous prétexte que le propos est formulé par une question.	

Faciliter l'expression

Pour lever la résistance, le manager doit commencer par en encourager l'expression. Cela a l'air basique, pourtant ce n'est déjà pas si simple car cela suppose un certain lâcher prise. En effet, il convient d'accepter d'entendre des choses qui ne vont pas forcément faire plaisir ni aller dans le sens de ce que l'on espère, mais aussi de laisser s'exprimer les collaborateurs sans tabous, avec le risque que cela dérape.

Bref, chacun a des freins et doit les repérer avant de démarrer puisqu'il s'agit d'évaluer le niveau d'appropriation, de voir ce que les gens ont compris, retenu et pas de redire autrement ce qui a déjà été dit avant (au moment de donner l'impulsion, par exemple). En effet, le risque, face à un groupe de personnes qui résistent, est de les renforcer dans leurs résistances et leur questionnement.

Si vous leur demandez leur avis, c'est pour les laisser s'exprimer. D'autant que faire s'exprimer les résistances en collectif (8 à 10 personnes maximum) facilite l'appropriation en permettant de relativiser plus rapidement les pertes et les difficultés. En effet, le fait que tout le monde n'ait pas les mêmes perceptions et n'en soit pas au même niveau de la courbe accélère le processus de changement. Pour autant, ce travail collectif ne suffit pas. Il convient de traiter, par ailleurs, les cas individuels pour éviter de « polluer » la réunion avec des préoccupations strictement personnelles (avenir, avantages, rémunération…).

À retenir

Il faut fixer le principe collectif versus individuel en début d'atelier : « L'intérêt du groupe est d'échanger ensemble sur les difficultés ou préoccupations qui concernent tout le monde. S'il y a des sujets individuels, ils seront traités en entretien. »

Quels sont les comportements qui favorisent l'expression ? L'ouverture et l'écoute mais, surtout, l'espace que vous allez laisser. Les techniques sont les suivantes :

- poser des questions ouvertes ;
- marquer les silences pour laisser le temps de réfléchir ;
- et, ensuite, reformuler pour montrer que vous avez entendu les préoccupations.

Seulement, « sous pression » (de peur que cela parte dans tous les sens ou agacé par ce que vous entendez), le risque est de perdre de vue cet objectif, ce qui se traduit généralement par des comportements qui n'ont rien à voir : couper la parole pour répondre, montrer des signes d'agacement face aux « pseudo-arguments » ou changer de sujet en proposant de nouveaux arguments. Peu à peu plus personne n'ose prendre la parole, chacun fait mine d'écouter le manager qui la monopolise pour répéter des choses pourtant déjà dites.

Guide pratique pour se préparer à faire face à la résistance en favorisant l'expression

1. Préparez la première question que vous allez poser au groupe. Exemples :
- Qu'avez-vous retenu de la présentation du projet et qu'en pensez-vous ?
- Quels sont les risques si l'on ne change pas ?
- Quelles difficultés allons-nous rencontrer avec ce changement ?

2. Prenez le temps de décrire comment vous devez vous positionner :
- Comment puis-je décrire mon rôle au cours de cette réunion ?

....

....

- Comment vais-je m'y prendre pour faire préciser ce qui est flou, général, caricatural ?

....

....

- Comment vais-je montrer que j'ai écouté et entendu ce qui a été dit ?

....

....

Comprendre plus que se positionner et répondre

Favoriser l'expression de la résistance ne suffit pas. Une fois la perception du changement verbalisée, encore faut-il encourager la réflexion et permettre de nuancer ce qui est « exagéré ». Cependant, il n'y a pas une résistance au changement mais des résistances.

Les managers et les collaborateurs évoquent notamment :

- des doutes sur la finalité (sens, intérêt, pertinence, bon moment…) ;

- des préoccupations d'ordre personnel (rôle, devenir, future équipe/hiérarchique…) ;

- des regrets par rapport au passé ;

- des difficultés à assumer d'être « pour le changement » vis-à-vis des autres ;

- de l'agacement par rapport à la manière dont ils sont mobilisés sur le changement ;

- des craintes d'y perdre quelques avantages (arrangements, acquis…).

Si l'on essaye de regrouper les résistances par catégories, il y aurait 3 types de résistance auxquels répondent des plans d'action spécifiques. Mais, cela dit, les frontières entre chaque type de résistance sont étroites.

Résistance émotionnelle	Résistance technique	Résistance de type posture
• Inquiétude sur son sort • tristesse « mieux avant ! » • peur de ne pas savoir faire • agacement • sentiment d'injustice	• difficulté anticipée • avis contraire aux décisions prises • manque de compétences	• rivalités • résistance de principe • passivité et rejet global • résistance passive

Les 3 types de résistance

Conduite à tenir face à la résistance émotionnelle

Quand l'émotion est plus importante que les mots utilisés pour exprimer la forme de résistance :

1. identifier précisément la nature de l'émotion et son intensité ;
2. aider à la relativiser.

À noter

Faire relativiser suppose de ramener à davantage de réalité, à objectiver une perception un peu exagérée sans toutefois la nier.

3. reformuler pour accuser réception de la perception des choses ;

À noter

En reformulant, l'intensité émotionnelle va peu à peu baisser.

4. s'appuyer sur le groupe pour faire relativiser les perceptions ;

5. ramener la discussion sur une question qui permet de réfléchir plutôt que d'argumenter.

Illustration

« Depuis que l'on a mis en place la nouvelle organisation, la production est totalement pourrie. »

Ce qui est généralement fait, mais à éviter :

– « *Mais pas du tout, la production est bonne. D'ailleurs, les indicateurs de régularité prouvent que ce n'est pas pire qu'avant.*

– *Ce n'est pas mieux non plus et puis la qualité, ce n'est pas que la régularité...* »

À noter

Les points de vue échangés sont très subjectifs et chargés d'émotion.

Ce qu'il faudrait faire :

– « *Comment ça, totalement pourrie ?*

– *La régularité est mauvaise, et on n'a jamais eu autant d'incidents que ces derniers mois !*

– *Pour toi, la nouvelle organisation ne tient pas ses promesses... Les autres, qu'en pensez-vous ?* »

À noter

Très peu de temps suffit à obtenir une description plus objective des problèmes de production.

Conduite à tenir face à la résistance technique

Quand les arguments sont clairs et précis :

1. comprendre dans le détail la ou les difficultés ;
2. aider à envisager des solutions ou à trouver des ressources complémentaires.

— *À noter* —

Il convient parfois de démêler la part émotionnelle des arguments techniques.

Illustration

« Franchement, avec cette nouvelle équipe, on n'arrivera jamais à fonctionner. »

Ce qui est généralement fait, mais à éviter :

— *« Mais non, ne t'inquiète pas, on va y arriver. Il n'y a pas de raison que cela ne marche pas !*

— *Personne ne se rend compte de la façon dont ils fonctionnent, c'est incroyable… »*

— *À noter* —

Les points de vue échangés sont très subjectifs et l'émotion monte.

Ce qu'il faudrait faire :

— *« Quel est le problème exactement ?*

— *Entre ceux qui se débrouillent seuls sans nous solliciter et ceux qui n'utilisent pas nos procédures, je ne vois pas comment faire. »*

— *À noter* —

Une description plus objective du problème va permettre de relativiser et de trouver une solution.

Conduite à tenir face à la résistance de type posture

Quand la position prise est une question de principe qui peut ou non s'appuyer sur des arguments précis :

1. faire préciser l'éventuelle argumentation ;
2. cantonner pour limiter l'influence en rappelant la position de l'entreprise.

À noter

Éviter la polémique et l'exprimer, chacun est libre de ses idées/idéaux.

Illustration

« Encore une réorganisation, alors que les résultats sont bons ? »

Ce qui est généralement fait, mais à éviter :

– *« Il en va de notre survie à terme. Les profits actuels ne vont pas durer ! La plupart de nos produits sont en fin de vie et la concurrence est féroce.*

– *N'empêche que, franchement, ce n'est pas logique. On nous demande sans arrêt de bouger et on passe notre temps à détricoter les organisations. Pendant ce temps-là, on fait du surplace... »*

À noter

Les points de vue échangés sont très subjectifs et chargés d'émotion.

Ce qu'il faudrait faire :

– *« Ne faut-il attendre que de mauvais résultats pour faire évoluer les choses ?!*

– *Non, mais on vient de finir de se réorganiser. Il serait temps de stabiliser...*

— J'entends ce besoin de stabilité, mais j'aimerais en revenir à ce qui a poussé la direction à réorganiser à nouveau l'entreprise. »

À noter

Une réflexion apolitique sur le positionnement de l'entreprise doit faciliter la prise de conscience.

Conduite à tenir pour clore la séance

Pour clore la séance, il convient de s'appuyer sur ses ressentis :

1. reformuler l'essentiel des débats pour ancrer les évolutions de perception :
   - les points sans surprises ;
   - les points plus inattendus ;
2. rappeler éventuellement un ou deux arguments clés.

À retenir

Plus vous allez être précis en reprenant leurs propres termes, plus vous allez montrer à vos collaborateurs qu'ils ont été entendus.

Plus vous allez valoriser les contributions (toutes !), plus vous allez encourager vos collaborateurs à exprimer leurs doutes et leurs incompréhensions à l'avenir.

Plus vous allez montrer l'utilité de l'échange — relativiser certaines peurs ou constater que chacun ne vivait pas exactement les choses de la même façon —, plus vous allez renforcer le soutien social[1] dans l'équipe, et ainsi limiter le sentiment d'isolement.

---

1. « Soutien social, une ressource importante pour faire face au stress », *in Stress.fr*, Éric Albert et Laurence Saunder, *op. cit.*

Les pièges émotionnels face à la résistance et l'état d'esprit à rechercher :

PIÈGES ÉMOTIONNELS...	ÉTAT D'ESPRIT À RECHERCHER...
Peur : *« Il ne faut pas que je me laisse déborder. »*	Curiosité : *« Si on arrive à comprendre comment les uns et les autres voient les choses, cela va aider à faire relativiser les points de vue. »*
Agacement : *« Ils n'ont rien compris, il faut que je leur réexplique. »*	
Impatience : *« Ce n'est pas possible, ils n'en sont que là ? ! »*	

Guide pratique pour se préparer à faire face à la résistance

Identifier votre comportement automatique. Exemples : répondre du tac au tac et contre-argumenter, devenir directif, couper la parole.

....
....
....

Faire le recueil des perceptions que vous entendez sur le terrain. Principales perceptions que vous regrouperez ensuite par thèmes.

....
....
....
....
....
....

Préparer une question à renvoyer au groupe et un argument pour chaque thème :

THÈMES	QUESTIONS	ARGUMENTS
1.		
2.		
3.		
4.		
5.		

EN PRATIQUE

Anticiper ses risques émotionnels et se fixer un objectif comportemental simple :

THÈMES	NIVEAU DE CONFORT			ÉMOTION	OBJECTIF COMPORTEMENTAL
1.	☺	☺	☹		
2.	☺	☺	☹		
3.	☺	☺	☹		
4.	☺	☺	☹		
5.	☺	☺	☹		

À noter

Il peut être utile de s'entraîner à reformuler ce qui est dit, notamment le contenu émotionnel.

Exercice pour aller plus loin

Racontez vos scénarios catastrophes pour identifier vos risques comportementaux. Une fois ces risques identifiés, formulez un objectif simple pour que l'éventuel « dérapage » puisse être « contrôlé ».

Scénario 1 :

....

....

Risque comportemental 1 :..

Objectif 1 :..

Scénario 2 :

....

....

Risque comportemental 2 :..

Objectif 2 :..

Quel est l'état d'esprit à avoir pour lever la résistance ?

....

....

....

Qu'attendez-vous réellement de ce moment ? Si, au fond, vous pensez « combattre la résistance », vous passerez sûrement beaucoup de temps à convaincre et contre-argumenter.

Si vous vous fixez comme objectif d'observer où en est l'appropriation et de pouvoir rédiger quelques lignes à la sortie sur le sujet, il y aura vraisemblablement davantage d'échanges entre vos collaborateurs.

D'ailleurs, plus le décalage est important entre ce que vous souhaiteriez entendre et ce que vous entendez, plus cela devrait vous intéresser et vous donner envie d'en savoir plus.

Puisque la critique est une première étape d'appropriation, la pire des choses serait l'absence totale de réaction.

Et pour garder cet état d'esprit tout au long de l'échange, vous pouvez l'annoncer en début de réunion ou le noter sur une feuille de papier, le redire en cours de réunion ou partager votre préoccupation de bien comprendre. Vous pouvez également vous appuyer sur un « complice » (adjoint, responsable RH) pour vous préparer et/ou vous réguler en cours de réunion, ou même lui proposer de prendre le relais sur les thèmes qui sont les plus compliqués pour vous.

__À retenir__

Lever les résistances suppose de commencer par libérer la parole et faciliter l'expression des perceptions du changement pour pouvoir faire le diagnostic du type de résistance à l'œuvre. Ensuite, il convient de s'appuyer sur le groupe pour y réfléchir ensemble et éventuellement relativiser ou trouver une façon de résoudre les difficultés que le changement représente. Se préparer à faire face aux remarques, aux critiques sans systématiquement se positionner constitue une étape essentielle et nécessite de l'entraînement, même si garder en tête l'état d'esprit et un objectif simple est une aide précieuse.

Check-list : un manager lève les résistances si...

- Il ouvre le dialogue « sans tabous » et encourage l'expression de tous les collaborateurs.
- Il prend le temps de creuser pour comprendre en détail ce que l'autre veut dire.
- Il fait réfléchir en s'appuyant sur le groupe pour prendre de la hauteur par rapport au sujet.
- Il marque des silences après ses questions pour laisser du temps de réflexion.
- Il reformule ce qui est dit, les arguments comme les émotions.
- Il ne nie pas l'état émotionnel de son interlocuteur, mais le verbalise.
- Il cherche à objectiver les débats et, au besoin, donne lui-même des chiffres/données clés sur les sujets.
- Il favorise l'expression et les échanges entre pairs, plutôt que de se positionner lui-même (arguments, solutions).
- Il valorise en conclusion l'ensemble des contributions et les inscrit dans une suite.
- Il peut préciser ce qui est approprié et ne pose pas de problèmes aux collaborateurs, les principaux freins émotionnels et les sujets techniques perçus comme difficiles.

À combien de ces items pouvez-vous répondre « oui » ? Probablement peu, car ces éléments ne font pas partie des standards sur lesquels nous sommes formés ni des priorités que l'on se fixe en général en situation de changement. Pour vous développer sur le comportement au cœur de ces items, voir « Donner envie », partie III chapitre 2.

5

Favoriser l'appropriation et la mobilisation

À quoi servent l'appropriation et la mobilisation ? C'est la seule garantie de changement dans la durée. En effet, la prise de conscience et l'envie de changer de logique donnent des changements ancrés, et pas seulement en surface. La pire des choses serait que vos collaborateurs fassent des efforts pour vous faire plaisir mais que, finalement, comme dit le dicton, « le naturel revienne au galop ». Encore faut-il savoir quels changements on attend précisément. Quels sont les indicateurs de mesure de l'appropriation du changement comportemental visé ?

On peut adhérer à un projet si on a pu en discuter et que l'on a obtenu des réponses à ses questions, si on a fait le deuil du passé, si on y voit un intérêt concret et si on a des plans d'action précis à mettre en place. La communication sur le changement et le fait de lever les principales résistances ne suffisent pas toujours à produire la mobilisation de chacun. Alors que le cap est le même pour tous, la façon d'y arriver est généralement différente pour chacun. Pour autant, il s'agit de suivre de près le niveau d'appropriation et de mobilisation.

Sur le plan comportemental, concrétiser le changement suppose de faire évoluer sa logique d'efficacité. Or, bien souvent, cette logique convient et s'avère satisfaisante. D'ailleurs, chaque fois qu'une logique de fonctionnement trouve ses limites et que nous en prenons conscience, nous changeons assez naturellement de comportement. Ainsi, chaque fois que les comportements changent, il y a eu appropriation.

Tirer les leçons d'une expérience

Olivier, jeune cadre qui doit faire un tableau de bord, pourra être tenté de le faire seul, sans déranger personne, en se référant aux derniers ouvrages de contrôle de gestion. Le fait d'être confronté à des interlocuteurs qui lui expliquent que ces indicateurs ne peuvent pas être obtenus dans les systèmes existants le poussera vraisemblablement une prochaine fois à solliciter un maximum d'interlocuteurs en amont pour éviter de travailler pour rien.

Changer de comportement suppose donc de prendre conscience des limites de la logique de fonctionnement actuelle et de répondre à la question : en quoi n'est-elle pas pleinement satisfaisante par rapport à mon rôle professionnel ?

Que faut-il faire concrètement pour favoriser l'appropriation et la mobilisation ?

Générer un effet d'entraînement

L'appropriation se constate dès qu'un nombre suffisant de personnes se positionnent en faveur du changement. Un effet d'entraînement est souhaitable : si tout le monde bouge autour de moi, il y a des chances que je me mette aussi en mouvement. Pour cela, le changement doit prendre une **réalité concrète** pour chacun.

Mireille Faugère, ex-responsable de SNCF Voyage, utilisait un train Veolia miniature pour matérialiser l'arrivée de la concurrence bien en amont de la date officielle. Ce qui se fait spontanément dans les fonctions marketing/vente (objets promotionnels à la sortie de nouveaux produits, *goodies*) pourrait probablement être transposé dans d'autres fonctions (y compris les back-offices) et dans le domaine comportemental.

Matérialiser le changement permet de rendre réel, visuel, ce qui change. Il est d'autant plus important de matérialiser les comportements visés que ceux-ci peuvent sembler abstraits.

Exercice pratique

Comment matérialiser le comportement attendu de vos collaborateurs et/ou de vos managers dans ce changement ? À préciser : quelle symbolique utiliser ? Un animal ? Un matériau ? Un objet ?

....

....

....

Construire les outils de mesure des progrès comportementaux dans chaque équipe :

- Chez nous, à quoi verrons-nous que l'on est... (exemple : agile/proactif/innovant) ?

- Qu'est-ce que cela signifie concrètement, à quoi mesure-t-on... (exemple : l'agileté/la proactivité/l'innovation) dans notre métier ?

- Sur quoi l'est-on déjà ? Sur quoi cela fait-il sens de l'être davantage (quels dossiers, quelles situations d'interaction avec les autres) ?

Un effet démultiplicateur du changement peut sans doute être atteint en cherchant d'autres modalités de travail que la traditionnelle ligne hiérarchique. Il faut approfondir l'idée d'un prototype comportemental avant industrialisation qui peut prendre plusieurs formes :

- une équipe projet prototype dont la mission serait de résoudre à son niveau les difficultés anticipées par les managers, puis de diffuser les bonnes pratiques (effet de contagion ou réseau) ;

EN PRATIQUE

À noter

L'équipe projet devra alors être choisie selon des critères de représentativité du projet (et non des critères de hiérarchie). Les membres de l'équipe auront vraisemblablement des points de vue différents qu'ils devront être capables de partager de manière constructive.

- un laboratoire d'analyse des pratiques chargé de valoriser les expériences à généraliser sans focaliser sur le résultat (exemple : le succès du dossier d'appel d'offres – qu'il soit ou non remporté – du fait des synergies créées et du mode de collaboration).

À noter

Si la Suisse a gagné la coupe de l'America, ce n'est pas par hasard[1]. Tout un management structuré autour de l'objectif s'est mis en place. Il y a notamment eu plusieurs compétitions en amont pour s'entraîner, pour construire de la confiance et des retours d'expérience.

Inscrire le changement dans la durée

Favoriser l'appropriation et la mobilisation suppose d'inscrire le changement dans la durée pour éviter l'essoufflement et suivre de manière précise les progrès réalisés.

Le rôle du manager, accompagnateur du changement, est de servir de guide pour ses collaborateurs. Il montre la destination (le sommet) et il est supposé donner envie de suivre le chemin, même s'il est long, semé d'embûches. Pourtant, ce sont avant tout les collaborateurs qui avancent. Sa valeur ajoutée est d'éviter de se perdre en chemin et de les encourager, en marquant des pauses. Il convient de :

- faire des retours sur le chemin parcouru (la destination et d'où l'on vient) ;

---

1. Travaux de Thierry Picq, EM Lyon, suite à son accompagnement de l'équipe Alinghi au début des années 2000.

- valoriser les avancées et efforts individuels ;
- célébrer les réussites des équipes ;
- aider à dépasser les difficultés et à trouver des ressources ;
- identifier les causes de blocages et aider à les lever.

Il s'agit de montrer que l'on progresse même si l'on n'est pas encore arrivé au sommet, voire pire si on a dû descendre pour passer un col et ensuite continuer vers le sommet. Puisque le changement n'est pas linéaire, il est fondamental de communiquer en permanence sur ce qui a été fait et ce qui reste à faire. Pour cela, il faudra avoir répondu aux questions suivantes : à quoi allons-nous voir que les comportements ont évolué ? Dans quelles situations ?

Par ailleurs, valoriser le chemin parcouru ne signifie pas se montrer complaisant : « *Une étape a été franchie, mais, sur ce point, nous aurions probablement pu mieux faire.* » Les réussites comme les ratés ne peuvent être considérés comme des absolus : un échec n'exclut pas une part de satisfaction et, *a contrario*, une réussite n'empêche pas des dysfonctionnements.

Les principaux pièges émotionnels des managers accompagnateurs de changements sont de deux natures : le besoin de contrôle et la déception parce que le changement n'avance pas assez vite. Dans les deux cas, cela a tendance à se traduire par le fait de donner les solutions plutôt que d'aider à réfléchir et avancer sur le chemin du changement.

Pourtant, chaque changement contribue au suivant. D'ailleurs, le meilleur service que les managers peuvent rendre à leurs équipes (et à leur entreprise), c'est de régulièrement faire évoluer les choses afin d'entretenir la souplesse et les capacités d'adaptation. En effet, tout bouge tellement vite que l'adaptabilité est probablement la seule garantie d'employabilité.

Les services et les entreprises qui ont le moins changé ces dix dernières années constituent de vrais foyers de résistance au changement. Plus il y a de petits changements régulièrement, plus l'entité devient apprenante, dans le sens où sa capacité à dépasser les difficultés augmente. Inscrire le changement dans le code génétique de l'entité revient à développer une aptitude à absorber les changements, et ainsi mieux les vivre. Chaque changement devient alors un atout pour l'avenir.

Aider à dépasser les freins au changement

La concrétisation d'un changement comportemental va se faire en collectif, mais pour que les comportements puissent se mettre en place, il faudra pouvoir travailler au niveau de chaque individu.

Opérer des changements de logique

Cécile est manager d'une équipe de vendeurs. Elle souhaite développer « le sens du client » et ils ont défini ensemble l'état d'esprit : « Être le magasin préféré et donner envie aux clients de revenir. » Elle a observé que la plupart sont concentrés sur les produits et ne vont pas assez vers les clients, et que quelques-uns passent beaucoup de temps avec chaque client sans se soucier de la file d'attente qui s'allonge. Voyons comment, concrètement, accompagner ces deux profils de vendeurs.

Cécile a rencontré M. PRODUIT et M. CLIENT en rendez-vous pour leur faire part de ce qu'elle a constaté et échanger sur le décalage entre ce qu'ils font et l'état d'esprit discuté en réunion il y a 1 mois. Ces entretiens lui ont permis de découvrir les logiques de fonctionnement actuelles de chacun des deux vendeurs.

L'avis du coach

M. PRODUIT estime que : « Ce qui compte, c'est de bien connaître les produits, sinon on n'est pas crédible ». Sa crainte est de ne pas savoir.

Son problème : ne pas aller spontanément vers le client.

Exemple de nouvelle logique à mettre en place : « Si on ne va pas écouter le client, il est difficile de savoir ce qui l'intéresse le plus » + curiosité.

M. CLIENT estime que : « Ce qui compte, c'est de satisfaire totalement le client ». Il aime prendre le temps.

Son problème : passer beaucoup de temps avec le client.

Exemple de nouvelle logique à mettre en place : « Il faut prendre le temps de satisfaire le client tant que d'autres n'attendent pas » + envie de satisfaire le plus grand nombre.

Accompagner le changement suppose de partir de la logique de fonctionnement du collaborateur pour le faire réfléchir aux limites de cette logique et, à partir de là, construire un plan d'action qui permet de mettre en place une nouvelle logique.

De la motivation à changer à l'élaboration du plan d'action

Les questions pour faire réfléchir M. PRODUIT sont : quelle est la principale attente de tous les clients ? Que se passerait-il si tu ne savais pas répondre ? Quels problèmes cela poserait-il alors ?

Plan d'action à mettre en place : à partir des émotions en jeu dans la situation, ici la peur de ne pas savoir répondre ou l'envie de tout dire... Dans cette situation : que dire ? Que faire ? Qu'est-ce qui est le plus facile, selon toi, pour commencer ?

Les questions pour faire réfléchir M. CLIENT sont : quel est le temps d'attente qui reste acceptable pour un client ? Qu'est-ce qui doit déterminer le temps que tu passes avec chaque client ?

Plan d'action à mettre en place : à partir des émotions en jeu dans la situation, ici le plaisir de la relation... Dans cette situation : quand penses-tu qu'il faille interrompre l'échange ? Comment le faire courtoisement ?

La valeur ajoutée du manager consiste à faire réfléchir ses collaborateurs pour les aider à trouver leur marge d'adaptation. Ainsi, l'efficacité des entretiens repose-t-elle sur une aide à la réflexion à partir de ce qui est dit[1]. Convaincre ou fournir des solutions ne produira pas le changement de logique attendu, mais, au mieux, un changement de surface éphémère.

© Groupe Eyrolles

---

1. Pour en savoir plus, lire l'ouvrage d'Éric Albert et Jean-Luc Emery, *Au lieu de motiver, mettez-vous donc à coacher !*, Éditions d'Organisation, 1999.

À retenir

Favoriser l'appropriation et la mobilisation suppose d'agir aux niveaux collectif et individuel. Au niveau collectif, il convient de matérialiser le changement, de faire réfléchir chaque équipe sur la façon de le concrétiser (s'engager dans des plans d'action), mais aussi de construire le terrain d'entraînement et de généralisation des expériences. Au niveau individuel, il convient d'aider chacun à s'inscrire dans l'état d'esprit attendu en le faisant réfléchir aux limites de la logique de fonctionnement actuelle, puis à formaliser et suivre le plan d'action personnel du changement comportemental.

La valeur ajoutée du manager qui accompagne le changement est de valoriser les efforts (individuels, collectifs) tout en continuant de se montrer exigeant : fermeté sur le cap, mais souplesse dans la façon et le rythme employés pour y arriver.

Check-list : un manager favorise l'appropriation et la mobilisation si…

- Il matérialise le changement et rend « visuel » le comportement attendu (ou l'état d'esprit recherché).
- Il demande aux équipes de décrire les progrès comportementaux et les situations « critiques ».
- Il invente des terrains d'entraînement pour avoir un effet démultiplicateur de changement.
- Il marque des temps d'observation du chemin parcouru et de ce qu'il reste à concrétiser.
- Il mesure si les changements comportementaux se mettent en place à partir d'indicateurs précis.
- Il valorise les avancées et efforts individuels et collectifs tout en continuant de se montrer exigeant.
- Il encourage tout changement car il est source de progrès et qu'il entretient les capacités d'adaptation.
- Il fait réfléchir ses collaborateurs sur leur logique d'efficacité et, au besoin, les aide à la remettre en cause.
- Il fait prendre du recul pour aider à mettre en lumière les freins émotionnels d'un comportement.
- Il aide à dépasser les difficultés et à trouver de nouvelles ressources.

À combien de ces items pouvez-vous répondre « oui » ? Probablement peu, car ces éléments ne font pas partie des standards sur lesquels nous sommes formés ni des priorités que l'on se fixe en général en situation de changement. Pour vous développer sur le comportement au cœur de ces items, voir « Accompagner », partie III chapitre 3.

III

RÉUSSIR LE CHANGEMENT

Prendre en compte la dimension humaine du changement suppose de se développer sur quelques compétences comportementales clés. Si les exercices de la partie II et les check-lists vous ont donné envie de travailler davantage, utilisez ce guide pratique. Il reprend les trois comportements majeurs pour conduire le changement (prendre du recul, donner envie et accompagner).

Des cas pratiques et des exercices vous sont proposés pour vous développer sur ces comportements clés en situation de changement. Ainsi, vous pourrez travailler les trois compétences élémentaires en lien avec la prise de recul que sont l'observation, le fait de sortir de ses a priori, mais aussi hiérarchiser et renoncer. Ensuite, les compétences élémentaires pour donner envie que sont l'écoute, l'empathie et le fait de faire réfléchir et relativiser. Pour finir, les trois compétences élémentaires en lien avec l'accompagnement qui sont autour de la prise de conscience, l'encouragement pour donner envie d'expérimenter et l'aide pour dépasser les difficultés. À vous de vous entraîner et de construire vos feuilles de route pour aller plus loin à partir de mises en situation faciles.

1

Prendre du recul pour bien décider et anticiper l'imprévu

Prendre du recul lorsque les repères changent permet de conserver un maximum d'objectivité et d'éviter de totalement se laisser piloter par ce que l'on ressent. En effet, prendre du recul doit permettre de faire un diagnostic plus objectif des situations et, ainsi, de dépasser plus facilement les situations chargées en émotion. La compétence à travailler est la capacité à sortir de ses a priori.

À quoi sert la prise de recul en début et en cours de changement ?

En début de changement	En cours de changement
Évaluer les enjeux (y compris les enjeux personnels) pour sortir de ses ambivalences.	Savoir rester objectif même dans les situations chargées en émotion, en particulier pour décider.
Clarifier son rôle et ses priorités pour réorganiser son temps.	Sortir de ses automatismes comportementaux pour devenir plus stratégique (adapter ses comportements pour éviter de faire « comme on le sent »).
Élaborer sa stratégie de changement à partir d'un diagnostic objectif de la situation.	Pouvoir anticiper (notamment des réactions ou des prises de position).

Se donner toutes les chances de rester objectif

« Sans recul, il est difficile de rester objectif et d'apporter une valeur ajoutée. » Viser l'objectivité dans une situation de changement est essentiel, compte tenu de la charge émotionnelle qu'il génère. Or, la plupart des ouvrages sur le changement recommandent de faire un diagnostic. La méthode peut varier, mais le résultat recherché est le même : un diagnostic doit servir à objectiver les choses pour élaborer les plans d'action les plus adéquats. Voilà la théorie, car, en réalité, **faire un diagnostic sans avoir dépassé sa propre ambivalence par rapport au changement revient à conforter des a priori** et à formaliser les hypothèses que l'on a sur le changement. Les plans d'action qui découlent d'un tel diagnostic sont évidemment cohérents avec la représentation que l'on se fait du changement, mais peut-être pas complètement avec ce qu'il faudrait faire en « toute objectivité ».

D'ailleurs, lors d'une phase de diagnostic, ce ne sont pas les réponses aux questions qui sont importantes, mais le cheminement et la réflexion. Un bon diagnostic devrait permettre à l'équipe qui pilote le changement de faire la part des choses entre ce qui est **raisonnablement sûr** (la part de conduite) et ce sur quoi il y a **des doutes** (la part d'aléas qu'il faudra gérer).

Étape 1 : identifier ses a priori sur le changement à conduire

QUELQUES QUESTIONS À SE POSER SUR LA DIMENSION HUMAINE	RÉPONSES
1. Quels collaborateurs ou groupes de collaborateurs ont le plus à perdre/gagner avec ce changement ? Quel plan d'action engager vis-à-vis d'eux ?	
2. Quelle est la part des collaborateurs prêts à s'engager dans le changement (neutres ou indéterminés/résistants) ?	
3. Quels sont les arguments de ceux qui se disent favorables au changement ? Et les arguments de ceux qui résistent ?	
4. Qui sont les principaux leaders d'opinion ? Comment se positionnent-ils et comment les gérer ?	

Étape 2 : confronter son diagnostic avec d'autres

Guide pratique pour se préparer à solliciter d'autres avis (équipe de pilotage, hiérarchie, collatéraux, parties prenantes du projet…)

Quel est mon principal objectif au cours de cet échange (le partager avec l'interlocuteur) ?

....
....
....
....

Comment faire exprimer le filtre de mon interlocuteur par rapport au changement (ambivalence, enjeux personnels, émotions) ?

....
....
....
....

Qu'est-ce qui peut m'aider à sortir de mes a priori au cours de cet échange ?

....
....
....
....

Exercice de prise de recul après chaque entretien

Ai-je pu compléter mon diagnostic ou bien cela m'a-t-il conforté dans mes a priori ?

....
....
....

Ai-je réussi à repérer le filtre de mon interlocuteur ?

....
....
....

Comment et quand, aurais-je pu obtenir des informations plus pertinentes encore ?

....
....
....

DE CHANGEMENT EN CHANGEMENT

Étape 3 : passer de l'émotionnel au stratégique

Progresser sur sa capacité à prendre du recul peut se comparer au golfeur qui s'entraîne avant chaque compétition. Il travaille son swing dans différentes situations en espérant pouvoir retrouver des conditions ressemblantes sur le terrain. Les saisons, le vent, l'humidité de l'air et des greens changent en permanence, et il doit donc adapter son swing en fonction de ce qu'il analyse à chaque minute.

Prendre du recul à froid permet plus facilement de prendre du recul à chaud. La prise de recul à froid suppose d'avoir réfléchi à son contexte de changement (mes objectifs, mes priorités, mes activités). Ensuite, elle consiste à prendre 5 minutes par jour pour revisiter ses comportements dans une situation précise. Par exemple une situation dans laquelle je n'ai pas eu l'impression que mon interlocuteur adhérait. Ce travail de réflexion à froid permet, à chaud, de se donner 5 secondes pour se positionner de manière stratégique et non émotionnelle.

L'émotion détermine nos comportements de façon à éviter ou écourter les sensations désagréables et, au contraire, prolonger ce qui nous est agréable. En effet, lorsqu'un sujet nous embarrasse, nous allons généralement l'éviter. À court terme, l'embarras disparaît mais, par la suite, soit il peut revenir, soit une certaine culpabilité peut apparaître.

Ainsi, prendre du recul permet de court-circuiter ces mécanismes émotionnels automatisés. Plutôt que de faire « comme on le sent », **adopter un comportement stratégique revient à raisonner en fonction de son rôle et de ses objectifs dans la situation. Il convient de prendre du recul sur ses comportements chaque fois qu'ils ne produisent pas les effets attendus.**

De la culpabilité à l'hyperaction

Didier gère une équipe d'agents opérationnels qui vont devoir quitter la région du fait de la réorganisation. Il a préféré éviter le sujet avec eux tant il connaît leur attachement au site. Mais comme il culpabilise, il a utilisé son réseau pour trouver un point de chute à chacun. Puis il les a rencontrés individuellement

© Groupe Eyrolles

92

pour leur présenter leur futur poste, et là, certains se sont énervés et l'ont remis en cause personnellement, d'autres ont quitté la pièce, d'autres encore se sont pratiquement mis à pleurer et n'ont pas parlé. Très déçu après tout ce qu'il a fait pour eux, il se dit qu'il aurait mieux fait de les laisser se débrouiller.

L'avis du coach

Didier, gêné d'aborder la mobilité, gère sa culpabilité en cherchant des solutions à la place de ses collaborateurs. C'est son comportement émotionnel. Son schéma mental « trouver une solution au problème » se met en place automatiquement sans laisser aux collaborateurs le temps de prendre conscience de la nécessité de changer, et de formuler leurs doutes et leurs questionnements. En fait, son comportement émotionnel repousse l'échéance d'en parler et les déresponsabilise en se substituant à eux. Prendre du recul consiste à repérer ce mécanisme alors qu'être stratégique supposerait d'en parler directement et d'identifier comment il peut aider chacun à devenir acteur de sa mobilité (en sollicitant, si besoin, les différentes ressources de l'entreprise : la hiérarchie, les services RH, les gestionnaires de carrière…).

Guide pratique pour dépasser les situations chargées en émotion

Repérer l'émotion et son intensité (sur une échelle de 10).

Il est parfois plus facile de repérer les sensations physiques associées à l'émotion : tensions musculaires, coup de « chaud », mains moites…

....
....
....

Se demander quel est le raisonnement en lien avec cette émotion.

....
....
....

Identifier quel est le comportement « automatique » ou « réflexe ».

....
....
....

Réfléchir au comportement « stratégique », en lien avec son rôle.

....
....
....

Prendre du recul permet progressivement de pouvoir piloter ses comportements : décider, influencer, accompagner, anticiper, etc. Les compétences élémentaires de la prise de recul sont : observer pour mieux décrire, sortir de ses a priori, hiérarchiser et renoncer.

Observer pour mieux décrire

Observer, c'est prendre le temps d'analyser une situation afin de pouvoir la décrire précisément. Avec le temps et l'expérience, les managers risquent de sous-estimer l'importance de l'observation. Ayant vécu de nombreuses situations, y compris de changement, ils peuvent rapidement avoir l'impression de savoir comment l'aborder. Seulement les similitudes peuvent parfois conduire à négliger les différences (surtout si l'inconnu génère pour vous davantage d'inquiétudes que d'excitation).

Or, ce sont les différences qui devraient nous alerter et nous pousser à chercher de nouvelles manières d'agir ou de décider. Et ces différences, encore faut-il pouvoir les observer. Que faut-il observer concrètement et comment faire, alors que très vite la pression s'exerce (d'en haut, d'en bas ou latéralement) ?

Épisode n° 1 : observer

Lola est adjointe au DRH d'une grande entreprise qui fusionne. Elle est positionnée en appui des managers qui seront amenés à conduire cette transformation. Elle constate que ceux qui ont déjà vécu une telle expérience sont un peu moins inquiets que d'autres pour qui c'est la première fois. Quand elle rencontre des managers des forces de vente, elle est assez étonnée de les entendre parler du business « *as usual* » et craint que, dans certaines équipes, les inquiétudes ne soient pas suffisamment entendues. Tant que les négociations avec les partenaires sociaux ne sont pas totalement bouclées, il n'y a pas vraiment d'équipe de pilotage mais elle a l'écoute de sa hiérarchie pour proposer un plan d'action.

Exercice

De quels éléments dispose-t-on ? À la place de Lola, iriez-vous discuter du sujet directement avec le DRH ou souhaiteriez-vous observer plus avant certains éléments ?

....

....

....

....

....

....

L'avis du coach

Le sujet à aborder avec le DRH est le besoin d'accompagnement de l'équipe managériale dans le contexte particulier de fusion. L'expérience d'une précédente fusion semble réguler le niveau d'inquiétude, mais cela reste à préciser. Ensuite, les forces de vente semblent sous-estimer le besoin d'aborder le sujet, mais s'agit-il de l'ensemble de l'équipe d'encadrement ou bien, plus spécifiquement, de certaines personnes ? Sauf à le faire de manière informelle, il semble prématuré de proposer un plan d'action sans poursuivre l'observation pour mieux définir les besoins et les risques.

Les 4 sujets prioritaires à observer dans un changement sont :

- repérer les catégories de personnes qui perçoivent le changement de la même façon (enjeux, perceptions-émotions, difficultés…) ;

- identifier chez les principaux interlocuteurs – parties prenantes – ce qui est dit au-delà des mots (enjeux, perceptions-émotions, difficultés…) ;

- comment les zones de résistance vis-à-vis du projet s'expriment-elles ? À quels moments ? Comment l'élaboration (réflexion, groupe de travail…) se fait-elle ?

- quel est le principal effet induit par l'attitude de celui qui pilote le changement/l'équipe managériale ?

Exercices pour vous permettre d'aller plus loin

Quelques situations pour s'entraîner à observer : les réunions que vous n'animez pas, les temps informels (machine à café, pause déjeuner...), les entretiens en face à face.

Commencez par ce qui vous semble le plus facile :

- s'entraîner à observer le langage non verbal (le corps, le visage...) pour en déduire les émotions ;
- s'entraîner à écouter et observer la logique en amont des comportements (les raisonnements de la personne) ;
- s'entraîner à entendre ce qui n'est pas dit avec des mots mais qui est pourtant sous-entendu ;
- s'entraîner à décrire les critères de ses choix et décisions.

Mon plan d'action personnel en 3 situations/contextes d'observation faciles à mettre en œuvre à court terme :

1. ....
2. ....
3. ....

Sortir de ses a priori sur le changement

Sortir de ses a priori revient à s'autoriser à douter, à se faire l'avocat du diable pour anticiper l'imprévu. Certains managers s'entourent de collaborateurs qui les poussent à sortir de leurs a priori, qui les challengent. Mais si vos avis sont trop tranchés, plus personne n'osera le faire. Pourtant, il est essentiel de sortir de ses a priori pour essayer d'anticiper ce que l'on imagine qu'il va se passer, et ainsi mieux se préparer à y faire face.

Épisode n° 2 : sortir de ses a priori

Lola a été sollicitée par un des managers pour l'aider à prendre du recul sur son changement. Elle l'accompagne sur 3 journées : entretiens individuels, réunions d'équipe, etc. Elle a remarqué que ce manager est très réactif. Chaque fois qu'un de ses collaborateurs s'exprime ou lui pose une question, il le laisse à peine terminer et se positionne (c'était encore plus le cas en réunion). Elle décide de lui en parler lors du débriefing car, autant cela donne de l'énergie, autant, à certains moments, cela peut être contre-productif. À partir des exemples vécus ensemble, le manager a bien volontiers reconnu que c'était plus fort que lui :

— « *Au moment où quelqu'un intervient, et en ce moment c'est épuisant car il y a beaucoup de questions, il faut que je me positionne, sinon…*

— *Sinon ?*

— *On va penser que je ne sais pas répondre et pour qui vais-je passer ?* »

EN PRATIQUE

Dans ce contexte, de quels éléments dispose-t-on ? À la place de Lola, comment continuriez-vous l'entretien ?

....

....

....

....

L'avis du coach

Pour ce manager, prendre du recul sur son changement passe par s'autoriser à davantage douter et se questionner. Tant qu'il ne relativise pas la pensée selon laquelle il est censé avoir réponse à tout et tout de suite, il y a peu de chances qu'il arrive à sortir de son automatisme. L'avoir aidé à mettre au jour son schéma mental et avoir commencé à le faire réfléchir dessus constitue une première étape.

Pour continuer, il faudrait, par exemple, distinguer les situations dans lesquelles cela apporte de la sérénité (si l'effet recherché est bien de rassurer les équipes) des situations dans lesquelles se positionner trop vite peut poser des problèmes. En effet, il semblerait que ce manager ne distingue pas les questions des prises de position de ses collaborateurs. Par ailleurs, il peut être intéressant de s'appuyer sur la fatigue que cela génère : comment faire pour ne pas se mettre autant de pression sur tous les sujets ?

Quelques semaines plus tard…

Le même manager se retrouve face à un collaborateur. Il s'est donné comme objectif d'essayer de poser davantage de questions plutôt que se positionner.

— « *Dis-moi, comment ça va se passer, là, entre les deux équipes ?*

— Comme je l'ai dit en réunion, la mise en œuvre commence tout juste avec l'officialisation de ma nomination comme nouveau responsable des deux équipes. Pourquoi, tu as des idées ?

— Pas vraiment. De toute façon, je ne vois pas bien l'utilité de fonctionner avec eux.

— Pourtant, je croyais que… Qu'est-ce que tu ne trouves pas utile, par exemple ?

— Déjà, le fait de nous regrouper sur le même plateau : on n'a pas la place et puis, comme ils passent beaucoup de temps au téléphone, ça va être hyperbruyant.

— Aucun regroupement géographique n'est prévu pour l'instant. Y aurait-il autre chose ? »

L'avis du coach

Effectivement, nous avons affaire à une certaine régulation des automatismes comportementaux : plusieurs fois le questionnement est utilisé, même s'il fait suite à une forme de positionnement. Attention toutefois de ne pas « balayer » trop vite ce qui est dit. Le moment est important puisqu'il s'agit d'imaginer comment les choses vont se passer entre les deux équipes. Mieux anticiper l'imprévu suppose de se laisser porter par ce qui est dit.

Prendre en compte les émotions, c'est :

1. gérer l'étonnement (un point de vue différent de ce à quoi vous vous attendez) :
   - le verbaliser : *« Je suis surpris, la dernière fois qu'on en a parlé tous ensemble, vous disiez que nos métiers sont assez complémentaires et qu'il est logique de nous regrouper »* ;
   - puis questionner : *« Qu'est-ce qui a changé ? Où est le problème ? »*

2. faire face à la perception d'inutilité qui cache en fait une crainte :
   - reformuler la crainte d'une cohabitation ;
   - faire préciser la perception d'inutilité : *« Tu disais ne pas voir l'utilité de fonctionner avec eux, tu peux m'expliquer ? Et d'où vient le fait qu'ils passent du temps au téléphone ? »*

– éventuellement, faire examiner l'alternative : *« Sans regroupement, comment organiser les synergies ? Sinon, à quelles conditions cela pourrait-il fonctionner ? »*

Exercices pour vous permettre d'aller plus loin

Quelques situations pour s'entraîner à sortir de ses a priori : solliciter des avis avant de décider, faire face au désaccord, recevoir un collaborateur qui ne s'exprime pas facilement.

Commencez par ce qui vous semble le plus facile :

- s'entraîner à explorer d'autres possibilités que ce que vous aviez imaginé ;
- s'entraîner à questionner les avantages des différentes options possibles ;
- s'entraîner à questionner les inconvénients de « votre » solution.

Astuces :

1. en amont, repérez comment vous vous y prenez habituellement (exemple : au bout de combien de minutes vous donnez votre avis) et identifiez une technique qui pourra vous aider (exemple : silence, questionnement ouvert, reformulation) ;

2. pendant l'entretien, forcez-vous à trouver les limites de votre avis, le contraire de ce que vous pensez.

Hiérarchiser et renoncer

Hiérarchiser suppose d'identifier des critères pour positionner les sujets entre eux en tenant compte du poids relatif de chacun. Encore faut-il pouvoir décrire les critères de choix (*cf.* Observer) et sortir de ses a priori.

Entre ceux qui tranchent trop vite (sans mesurer les conséquences négatives ni les alternatives possibles) et ceux qui ne tranchent jamais (l'exploration des possibles rendant le choix cornélien), où vous situez-vous ? Pour vous décider : ressentez-vous des doutes et des craintes, ou du plaisir et une forme d'excitation ?

Choisir induit automatiquement des renoncements (même s'ils sont souvent négligés et implicites). En effet, décider revient à accepter toutes les conséquences du choix réalisé et à renoncer aux éventuels bénéfices d'autres solutions. Par exemple, le manager qui souhaite se réserver du temps pour prendre du recul va devoir renoncer au plaisir de faire certaines tâches ou d'animer certaines réunions.

Épisode n° 3 : renoncer

Lola déjeune avec un manager qui lui raconte qu'il a travaillé avec ses n-1 sur les comportements prioritaires dans le contexte de fusion et qu'il ne voit pas comment faire pour n'en garder que 2 ou 3. Le risque serait évidemment qu'il ne se passe rien mais maintenant qu'il a sollicité tout le monde, il a peur que certains ne s'y retrouvent pas et que le soufflet retombe.

EN PRATIQUE

Au fond, quel est le problème de ce manager ? À la place de Lola, que lui diriez-vous ?

....

....

....

....

L'avis du coach

Ce manager voit bien le risque de ne pas prioriser et décider. Pour autant, il craint la démobilisation de ceux qui ne vont pas se retrouver dans les comportements qu'il aura choisis. Il est essentiel, pourtant, que ces comportements soient ceux qui vont permettre le changement attendu. Les contributions peuvent être utiles, mais le plus important est de montrer le lien entre le ou les comportement(s) retenu(s) et l'ambition ou les enjeux du changement.

Pour continuer, voici quelques questions d'exploration possibles avec ce manager :

1. les réunions de travail : comment se sont-elles passées ? Quelles ont été les contributions ?

2. les comportements identifiés : lesquels sont les plus importants au regard des enjeux business, lesquels le sont moins ?

3. Comment restituer la décision en gardant la mobilisation, voire en la renforçant ?

Exercices pour vous permettre d'aller plus loin

Quelques situations pour s'entraîner à hiérarchiser et renoncer : les décisions à prendre, le choix des comportements à travailler pour réussir le changement ou les priorités managériales, la sélection d'un prestataire/d'un candidat, les situations de désaccord.

Commencez par ce qui vous semble le plus facile (seul, avec quelques personnes…) :

- s'entraîner à lister l'ensemble des options envisageables et les critères possibles de choix ;
- s'entraîner à pondérer ou classer (pour et contre/avantages et inconvénients, en distinguant par exemple ce qui est direct/indirect, court terme/moyen et long terme) ;
- s'entraîner à réétudier les options rapidement écartées (que pourraient-elles apporter ? Quel(s) risque(s) y a-t-il à les supprimer ?) ;
- s'entraîner à exposer ses choix et décisions en présentant les options étudiées mais non retenues ou les critères de choix.

Mon plan d'action personnel en 3 situations/contextes de hiérarchisation et renoncement faciles à mettre en œuvre à court terme :

1. ....
2. ....
3. ....

2

Donner envie

Conduire un changement suppose de donner envie de suivre, de mobiliser, d'embarquer le plus grand nombre. Rien de plus difficile quand on sait que la tendance naturelle est plutôt de résister au changement, de rester dans sa zone de confort. Faire bouger des individus suppose de les aider à faire face à l'incertitude et à se construire de nouveaux repères pour les rendre plus adaptables à la variété des situations.

> **Un raisonnement qui aide à donner envie**
>
> *« Dire les choses ne suffit pas à mobiliser, encore faut-il que chacun s'approprie personnellement le changement. »*

Les principales compétences élémentaires pour donner envie sont : écouter, faire preuve d'empathie, faire réfléchir.

Écouter

L'écoute sert à comprendre en détail le point de vue de l'autre. L'écoute active va plus loin, elle consiste à :

- rester dans le cadre de l'échange et ne pas changer de sujet : pourquoi sommes-nous là ?

- poser des questions pour comprendre en détail le point de vue de l'autre : l'objectiver au maximum, sortir des évidences ;
- montrer que ce qui est dit est entendu : il ne s'agit pas d'être d'accord ou pas d'accord, mais de vérifier que l'on a bien compris.

Tout le monde a l'impression d'écouter, mais on peut distinguer plusieurs niveaux d'écoute :

1. écouter (passivement, voire distraitement) ce que dit l'autre ;

2. écouter et faire préciser pour en apprendre davantage ;

3. écouter et faire préciser, puis ensuite reformuler ce que vous avez compris ;

4. écouter et faire préciser, pour ensuite faire nuancer le point de vue (en utilisant par exemple les techniques de reformulation caricaturale, de décentration, etc.).

L'écoute suppose donc de se libérer de son propre point de vue.

Épisode n° 4 : écouter activement

Lola assiste à une réunion entre le manager, qui devait limiter le nombre de comportements à changer, et son adjoint.

– «Avant de faire un retour à l'équipe sur les comportements à garder après la réunion de lundi, je voulais avoir ton avis.

– Je ne pensais pas qu'autant de choses sortiraient et je trouve que c'est intéressant. Maintenant, entre avoir le sens du client, se montrer plus exigeant, oser défendre ses idées, s'engager sur les décisions, prendre des initiatives, travailler en équipe, défendre les intérêts de l'entreprise… tout n'est pas au même niveau.

– Au même niveau ?

– Par rapport à notre projet stratégique, le plus important, c'est de développer l'esprit commercial, de se montrer plus rigoureux et probablement aussi de prendre des initiatives pour sortir des sentiers battus, et donc oser plus.

– Donc, pour toi, il y a 3 comportements qui font plus de sens avec notre projet. Mais est-ce que c'est là-dessus qu'il y a le plus de marge de progrès pour chacun ?

– Chacun, je ne sais pas, mais en tout cas la plupart des collaborateurs sont un peu frileux, appliquent scrupuleusement les consignes sans être malins, ce qui est au détriment des clients. Ils n'ont pas cet esprit de conquête dont on a besoin ! »

L'avis du coach

Bravo pour ce niveau d'écoute assez élevé qui se traduit par une alternance entre des questions et des reformulations qui permettent d'en savoir plus sur la façon dont l'adjoint voit les choses. Pour aller plus loin :

1. creuser davantage ce qui est dit plutôt que de le prendre comme argent comptant : *« En quoi ces 3 comportements-là sont-ils plus cohérents avec le projet que les autres ? »*

2. faire réfléchir aux critères de choix : *« En dehors du lien avec la stratégie, y en aurait-il d'autres ? »*

3. préparer la restitution et raisonner chaque scénario : *« Si on retient ceux-là, comment cela va-t-il être pris ? »*, *« Que perd-on en renonçant aux autres ? »*

Exercices pour vous permettre d'aller plus loin

Quelques situations pour s'entraîner à écouter activement : les entretiens en face à face, les réunions d'équipe, les situations de désaccord.

Commencez par ce qui vous semble le plus facile :

• s'entraîner à poser un cadre plus explicite de l'objectif de l'échange (exemple : bien comprendre les résistances) et des modalités concrètes (comment nous allons nous y prendre : moi, vous, nous) ;

• s'entraîner à poser au moins 2 questions ouvertes avant de reformuler ;

• s'entraîner à creuser les évidences pour remonter au raisonnement de la personne (méthode des flèches descendantes : et alors ?... Et alors ?...) ;

• s'entraîner à faire nuancer des prises de position un peu caricaturales.

Mon plan d'action personnel en 3 situations d'écoute active faciles à mettre en œuvre à court terme :

1. ....

2. ....

3. ....

Faire preuve d'empathie

L'empathie est la faculté à comprendre ce que l'autre ressent. Souvent, pour faire court, certains disent « se mettre à la place de

EN PRATIQUE

l'autre ». L'empathie revient à entendre les émotions et les points de vue de l'autre sans se positionner soi-même. Particulièrement utile pour mesurer le niveau d'appropriation au fil d'un projet de changement, l'empathie n'est pas seulement l'application des techniques d'écoute active (*cf.* ci-avant) ; il s'agit davantage d'un état d'esprit qui consiste à montrer à l'autre qu'il est entendu « dans sa différence, dans ses spécificités, voire dans ses difficultés ». Qu'est-ce qui fait que certains font davantage preuve d'empathie dans leur vie de tous les jours qu'avec leurs collaborateurs ?

Épisode n° 5 : faire preuve d'empathie

Lola aide un manager à se préparer avant un atelier de travail prévu en fin de semaine avec une dizaine de collaborateurs. Ils explorent ensemble les thèmes possibles de controverse à partir des regroupements d'idées réalisés par le manager.

Controverses clefs	Thèmes
Désaccord sur l'idée de fusion Désaccord sur les marchés à investir Désaccord sur les marchés à développer	— La pertinence du projet
Désaccord sur le calendrier Désaccord sur l'Organisation Désaccord sur les moyens	— La manière d'atteindre l'objectif
Désaccord sur le patron Désaccord sur la répartition des responsabilités Absence de reconnaissance des richesses humaines métiers managérial	— La pertinence des hommes

La pertinence du projet ne lui pose pas trop de problèmes car il est convaincu. En revanche, sur la manière d'atteindre les objectifs, il est moins à l'aise car il reste des imprécisions et qu'il est d'accord avec les incohérences relevées, notamment en termes de délais. Enfin, le dernier thème est celui qui lui pose vraiment problème car il trouve cette mise en accusation injuste.

Quels problèmes d'empathie risquent de se poser pendant l'atelier ? À la place de Lola, comment aideriez-vous ce manager à préparer son atelier ?

....

....

L'avis du coach

À y regarder de près, chaque thème pose probablement une difficulté. Quelques questions à poser pour continuer :

1. le fait d'être convaincu de la pertinence du projet risque de faire basculer… dans quel comportement ? Que faudrait-il faire pour montrer que l'on entend les doutes et les critiques sur ce sujet ? Quel est l'objectif simple à se fixer ?

2. le fait d'être moins à l'aise car d'accord avec l'équipe concernant la manière d'atteindre l'objectif pose quel type de problème ? Quel serait l'objectif d'un échange pertinent sur ce sujet ? Comment le partager plutôt que de se laisser guider par la gêne ?

3. puisque le dernier thème est le plus chargé émotionnellement, comment faire pour relativiser la situation ? Où est le désaccord, finalement ? Où est la mise en accusation ? Lorsque le sujet va sortir, comment pourriez-vous repérer ce qui se passe physiquement (accélération du cœur, mains moites, agacement…) et sur quelle technique faut-il concentrer toute son attention pour rester dans l'empathie (garder le silence, questionner pour en savoir plus, reformuler pour être sûr d'avoir bien compris le point de vue…) ?

Exercices pour vous permettre d'aller plus loin

Quelques situations pour s'entraîner à développer son empathie : les entretiens en face à face, les moments de désaccord.

Commencez par ce qui vous semble le plus facile :

- s'entraîner à identifier son état émotionnel ou celui de son interlocuteur ;
- s'entraîner à verbaliser ce que l'on ressent ou ce que l'on perçoit de l'émotion de l'autre (en étant précis dans le vocabulaire des émotions[1]) ;

1. Lire à ce sujet l'ouvrage de Laurence Saunder, *L'Énergie des émotions*, Éditions d'Organisation, 2008.

EN PRATIQUE

107

- s'entraîner à reformuler la logique de fonctionnement de l'autre (cerner l'émotion et le raisonnement qui le poussent à agir comme il le fait dans la situation).

Mon plan d'action personnel en 3 situations d'empathie faciles à mettre en œuvre à court terme :

....

....

....

Faire réfléchir pour faire adhérer

Faire réfléchir revient parfois à faire relativiser une perception excessive, ce qui suppose de partir de là où en est l'autre pour l'obliger à aller un peu plus loin dans sa réflexion. Impossible de faire réfléchir et relativiser quelqu'un si l'on reste centré sur soi (son avis sur le sujet, sa conviction, sa perception, ses arguments).

Techniquement pour faire réfléchir, il convient de poser des questions (ouvertes), de marquer les silences et de régulièrement reformuler ce qui vient d'être dit. Parfois, une simple reformulation synthétique de ce que l'autre vient d'expliquer permet aussitôt de l'aider à relativiser. En effet, entendre par un autre ce que l'on a dit peut permettre de trouver son propre propos caricatural. D'autres fois, cet effet de nuance sera possible au travers de reformulations elles-mêmes légèrement caricaturales.

A contrario, des solutions livrées clés en main ou des arguments cachés dans des questions fermées (exemple : ne penses-tu pas que…) ne produisent pas autant de réflexion (mais au mieux du doute, au pire de la résistance et le plus souvent de l'incompréhension, car l'interlocuteur est sur son fil et ne voit pas automatiquement où vous voulez en venir), sauf si l'oreille de l'interlocuteur a été ouverte au préalable. Faire réfléchir est une étape dans l'adhésion, parce que j'ai besoin de me poser certaines questions avant de me faire une conviction.

Épisode n° 6 : faire réfléchir pour faire adhérer

Lola a convenu avec le manager qu'elle serait présente pendant l'atelier, notamment pour l'aider à se réguler lorsque le thème de la pertinence des hommes sortirait. En arrivant, elle trouve quatre collaborateurs (C1, C2, C3 et C4) aux prises avec le manager (M).

C1 : « Vu l'ambition, il faut quand même se demander s'il est pertinent de garder les mêmes personnes…

C2 : C'est vrai qu'un peu de sang neuf n'aurait pas fait de mal !

M : Du sang neuf ? Garder les mêmes personnes ? Je ne vois pas où vous voulez en venir exactement.

C1 : Dans l'équipe de direction, certains ne sont plus tout jeunes et gardent les postes, alors que chez les autres il y avait des gens tout aussi valables !

M : Ok là-dessus probablement, mais, au fond, quel est le sujet : vous connaissez combien d'entreprises qui choisissent leurs dirigeants ?

C2 : Sans choisir, il faut être cohérent, ça laisse peu de perspectives et après on nous demande d'être davantage force de proposition alors que, au fond, on sait qu'on ne sera pas écoutés et encore moins reconnus…

C3 : Et puis ça fait vraiment OPA, ils sont allés jusqu'à s'installer dans leur tour parce qu'elle est plus haute…

C4 : Après, il ne faut pas s'étonner s'ils ont une dent contre nous !

M : De ce que je comprends il y a plusieurs sujets. D'abord, le besoin de cohérence entre ce qui vous est demandé et l'espace qui est laissé. Ensuite, vous trouvez que l'effet vainqueurs/vaincus peut poser problème dans cette fusion. Est-ce bien cela ? Qu'attendez-vous de moi par rapport à ces deux sujets ? »

L'avis du coach

Voici un échange qui permet de sortir des généralités et des sous-entendus pour commencer à faire la part des choses entre différents sujets. Rien à dire sur le plan technique, belle alternance de questions ouvertes et de reformulations, on sent l'intention de faire réfléchir le groupe. Pour continuer :

1. prendre le temps de réfléchir à voix haute plutôt que de balayer le sujet d'un « ok là-dessus, **MAIS** » : « Si on poursuit le raisonnement, certains seraient restés en poste compte tenu de leur

ancienneté et non de leurs compétences… », « De quelles compétences, notamment ? » ;

2. rester le plus longtemps possible sur leurs ressentis et éviter le piège de prendre pour soi : d'ailleurs, jusqu'où cela vous concerne-t-il ? Au besoin, demander un feed-back sur ce qui les rendrait plus à l'aise pour vous faire des propositions ou sur leur besoin de reconnaissance : qu'attendent-ils de vous exactement ? ;

3. souligner l'aspect émotionnel (le malaise ou la culpabilité d'être du côté de ceux qui restent ?), pour ensuite s'appuyer sur les différentes perceptions sur le sujet et ainsi faire relativiser.

EN PRATIQUE

Exercices pour vous permettre d'aller plus loin

Quelques situations pour s'entraîner à faire réfléchir pour faire adhérer : l'annonce d'une « mauvaise nouvelle », les entretiens d'accompagnement en face à face, les réunions de travail en petits groupes, les situations de désaccord…

Commencez par ce qui vous semble le plus facile :

• s'entraîner à reformuler des propos qui vous semblent caricaturaux, exagérés pour faire nuancer le point de vue de l'autre (juste légèrement) ;

• s'entraîner à relativiser ses propres réactions émotionnelles pour en faire diminuer l'impact (cela suppose au préalable de les identifier) ;

• s'entraîner à exprimer le contenu émotionnel des propos de vos interlocuteurs (cela suppose d'observer en particulier les aspects non verbaux ou paraverbaux) ;

• s'entraîner à ne pas se positionner sans avoir reformulé le point de vue de l'autre ;

• s'entraîner à exprimer ou à faire préciser ce qui est sous-entendu, mais non déclaré de manière explicite.

Mon plan d'action personnel en 3 situations pour faire adhérer à partir d'une réflexion préalable facile à mettre en œuvre à court terme :

1. ....

2. ....

3. ....

3

Accompagner

Accompagner le changement comportemental suppose de permettre à chacun de se mettre dans les conditions de réussite pour s'adapter. Le rôle du manager consiste à :

1. fixer un objectif clair et faire prendre conscience du décalage entre les façons de faire actuelles et l'état d'esprit attendu ;

2. aider à construire un plan d'action comportemental individuel ;

3. permettre de dépasser les difficultés.

À retenir ─────────────────────

Voici un raisonnement qui aide à accompagner le changement comportemental :

« Rien ne sert de courir, il faut partir de là où en est chacun. »

Favoriser l'apparition de nouveaux comportements suppose de prendre son temps. En dehors de la phase de prise de conscience, le manager est davantage un régulateur du changement qu'un accélérateur. En effet, gardons à l'esprit que tout changement rapide correspond à un changement en surface, mais qui risque de ne pas durer. Pour qu'il devienne durable, il s'agit de procéder à un changement de logique. Or, faire évoluer une logique de fonctionnement prend

© Groupe Eyrolles

111

plus de temps que de faire « comme le chef a dit pour lui faire plaisir ».

Ainsi, le manager doit veiller à ce que le collaborateur commence par des situations faciles qui ne provoquent pas trop d'émotion car le fait même d'essayer quelque chose de différent risque d'augmenter le niveau d'émotion. Or, sous pression, nos comportements sont plus automatiques. Par ailleurs, l'envie de rendre service et de gagner du temps peut être contre-productive. En effet, les situations faciles selon moi ne sont pas forcément faciles pour mes collaborateurs. Il se peut que je me trompe complètement (l'empathie ayant ses limites, je ne peux pas me mettre à la place de l'autre pour savoir ce qu'il ressent…).

Les principales compétences élémentaires pour accompagner : faire prendre conscience, encourager ou aider à persévérer et à dépasser les difficultés.

Faire prendre conscience du comportement à changer

Faire prendre conscience doit permettre de prendre de la hauteur sur une logique actuelle de fonctionnement et d'en percevoir les limites. En effet, adapter ses comportements suppose d'assouplir certains principes pour agir qui sont un peu caricaturaux car ils s'inscrivent en mode « tout ou rien », par exemple : « Travailler vite, c'est ça qui est efficace. » Ce principe d'efficacité n'est pas faux, mais dans certaines situations il peut empêcher d'être rigoureux.

Faire prendre conscience revient à identifier les situations dans lesquelles il fonctionne et les situations qui, au contraire, mettent en péril la logique de performance.

Les techniques pour faire prendre conscience sont :

1. faire réfléchir aux conséquences/risques/problèmes ;
2. identifier les bénéfices/avantages ;

3. faire réfléchir aux limites de la logique actuelle (reformulation caricaturale) ;

4. décentrer sur une situation comparable ou une personne qui ferait la même chose.

Épisode n° 7 : faire prendre conscience

Lola rencontre un manager qui reconnaît devoir travailler la transversalité. Il avoue que les différentes réorganisations successives et la nouvelle taille de l'entreprise rendent impossible le fait qu'il continue à faire lui-même les choses ou à les faire faire à ses collaborateurs. Pourtant, assez vite, Lola découvre que la principale motivation de ce manager à changer est le fait que son hiérarchique le lui demande. Peu à peu, elle l'amène à préciser que la nouvelle organisation génère un transfert de responsabilité vers d'autres entités qui elles n'ont pas forcément encore les moyens de dérouler aussi rapidement. En fait, le manager doit se forcer à passer la main alors que pour les entités en question, ce n'est pas encore simple. Cela pose la question de qui impliquer, à quel moment et comment contrôler le travail réalisé car la délégation du sujet ne peut pas être complète. À noter que plusieurs fois le manager évoque le stress qu'occasionne le fait de devoir solliciter plusieurs services, plutôt que de faire directement les choses.

L'avis du coach

On sent que pour ce manager il y a à la fois la prise de conscience que cela ne peut pas continuer ainsi et que cette situation de progrès crée une forte tension (stress) qu'il s'agit de limiter. Pour continuer :

1. faire préciser les bénéfices qu'il y a à changer de comportement et les risques à ne rien changer ;

2. observer les signaux de réflexion et de prise de conscience : le non verbal compte autant, voire plus, que les mots (silence, regard…) ;

3. conclure l'entretien avec l'essentiel de ce qui s'est dit, voire une question en suspens pour la prochaine fois (sachant qu'un entretien de 10-15 minutes suffit).

Exercices pour vous permettre d'aller plus loin

Quelques situations pour s'entraîner à développer sa capacité à faire prendre conscience : en entretien, dans les temps informels professionnels comme à la machine à café ou lors de la pause déjeuner.

Commencez par ce qui vous semble le plus facile :

- s'entraîner à faire preuve d'assertivité dans sa façon d'exprimer les choses (cela suppose d'affirmer son point de vue, d'éviter le sous-entendu sans pour autant agresser l'autre) pour faire des feed-back (y compris sur les comportements) ;
- s'entraîner à noter les logiques de fonctionnement de ses interlocuteurs (« Je me suis dit », « Il faut/je dois/c'est normal/c'est important », « Si je... alors... ») ;
- s'entraîner à reformuler la logique de manière neutre ou légèrement caricaturale (un peu exagérée, par exemple en ajoutant « toujours, jamais ») ;
- s'entraîner à assouplir ses propres principes un peu rigides en explicitant les situations dans lesquelles la logique est particulièrement opérationnelle et les situations qui peuvent poser problème.

Mon plan d'action personnel en 3 situations pour faire prendre conscience, faciles à mettre en œuvre à court terme :

1. ....
2. ....
3. ....

Motiver et donner envie d'expérimenter

Prendre conscience des bénéfices qu'il existe à changer ne suffira pas toujours à ce que le changement comportemental se mette en place. Si les freins émotionnels sont trop importants, il convient de construire un plan d'action comportemental qui part des difficultés perçues à faire autrement.

Le rôle du manager est ainsi en permanence de structurer le progrès en encourageant à l'expérimentation dans des situations faciles. Pour faire évoluer un comportement, il est essentiel de savoir quelle est la cible à atteindre (les manières de faire qui doivent disparaître, les nouvelles manières de faire...). C'est une fois que l'on aura les idées claires que l'on pourra expérimenter de faire un peu différemment.

Cependant, la cible n'est qu'une théorie. Très vite, il faut passer de la théorie à l'expérimentation car la plupart des comportements supposent de développer de nouvelles compétences (des briques élémentaires de comportement) dans des situations d'expérimentation.

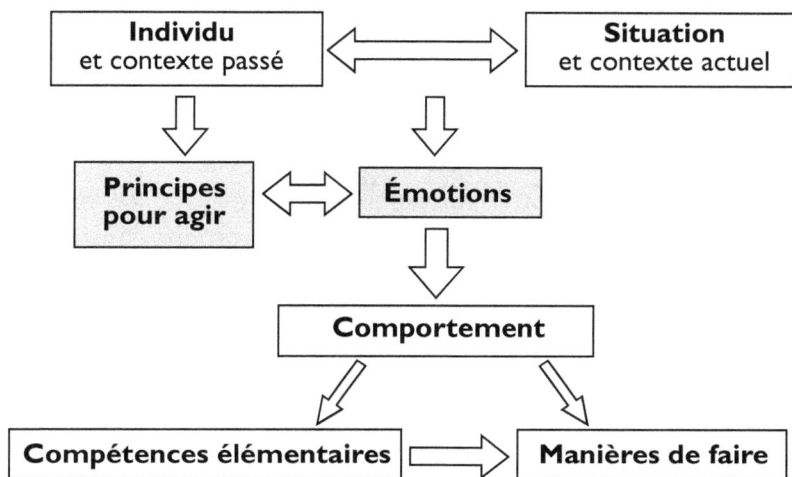

Les leviers d'un changement comportemental

La **logique de fonctionnement** (principes pour agir/raisonnement et émotions) : en quoi est-elle rigide ou encore adaptée à la variété des situations rencontrées ?

Les **situations** : quelles sont les situations faciles, difficiles, pourquoi ?

Les **compétences élémentaires** : avant d'adopter le comportement, d'autres comportements sont-ils préalables ?

Exemple de compétence élémentaire : avoir le sens du client suppose de savoir faire face à des questions difficiles ou stopper une discussion avec courtoisie.

Le manager qui accompagne le changement comportemental encourage les expérimentations dans les situations avec un niveau d'émotion faible pour engranger de la confiance et de la satisfaction à faire différemment.

La feuille de route comportementale n'est donc pas complètement linéaire. Les étapes sont construites par retour d'expérience des expérimentations réalisées et le plan d'action est ajusté en fonction des difficultés rencontrées. Si je n'ai pas été personnellement confronté à la situation de devoir faire évoluer un de mes comportements, j'aurai du mal à comprendre qu'il n'est pas toujours évident de changer.

Mais les difficultés de l'un ne sont pas celles de l'autre ; à chacun de faire sa feuille de route sans perdre de vue que ce qui peut être évident pour un manager n'est pas forcément simple pour ses collaborateurs : dire non, faire une demande, négocier un délai, s'affirmer sont des comportements qui relèvent de l'assertivité.

Épisode n° 8 : encourager à persévérer

Lola a rencontré, il y a quelques semaines, un manager qui souhaitait prendre du recul pour adopter une position de prestataire de conseil. Cela impliquait de travailler son assertivité, notamment face aux sollicitations, afin d'éviter de plonger dans l'action. Ce manager revient avec plusieurs catégories de clients dont les clients de catégorie I qui sont les plus faciles, c'est-à-dire ceux qui formulent une demande claire sans degré d'urgence marqué et dans une posture d'écoute. La difficulté pour ce manager est que, finalement, très peu de ses clients internes sont naturellement dans cette catégorie, la plupart étant pressés et très directifs sur ce qu'il faut faire. Très vite, Lola perçoit une sorte de découragement. Pourtant, il lui semble que ce manager a déjà progressé. Elle essaye de lui faire exprimer sa progression en repartant de situations précises qu'ils prennent le temps de décortiquer ensemble.

L'avis du coach

Effectivement, lorsque la prise de conscience qu'il faut changer est là, cela devient difficile car les situations au jour le jour ne sont pas forcément les plus faciles. Pourtant, il est essentiel de se créer un espace d'entraînement comportemental, des situations dans lesquelles il est possible de se permettre de faire différemment que d'habitude. Pour continuer à valoriser le travail de ce manager et l'encourager à persévérer :

1. revenir à des situations rencontrées avec des interlocuteurs plus « faciles » : qu'est-ce qui a été fait ? Que peut-on transposer face à des interlocuteurs qui laissent moins d'espace ? ;

2. faire trouver une marge de manœuvre relationnelle : comment créer les conditions relationnelles en vue d'une collaboration efficace ? Quels sont les indicateurs relationnels qui doivent servir d'alerte ?

3. quelle serait la compétence élémentaire qui manque et comment la travailler ? (dans quelles situations ?) ;

4. reconstruire les prochaines étapes/expérimentations à partir de ce diagnostic en choisissant les plus faciles.

Exercices pour vous permettre d'aller plus loin

Quelques situations pour s'entraîner à encourager : en entretien individuel que vous organisez ou en réunion d'équipe.

Commencez par ce qui vous semble le plus facile :

- s'entraîner à faire un feed-back positif ;
- s'entraîner à faire un compliment ;
- s'entraîner à reformuler l'étape franchie et faire réfléchir à la prochaine ;
- s'entraîner à reconnaître, valoriser, mettre en perspective le changement.

Mon plan d'action personnel en 3 situations pour valoriser, faciles à mettre en œuvre à court terme :

1. ....
2. ....
3. ....

Aider à surmonter les difficultés

Ni les bénéfices à changer ni les encouragements ne suffiront à ce que le changement comportemental se mette en place immédiatement. Chaque fois que des freins émotionnels existent, la façon de surmonter la difficulté consiste à (re)construire un plan d'action comportemental qui part des difficultés perçues à faire autrement.

Lorsqu'un manager accompagne ses collaborateurs, son rôle est d'encourager le progrès, mais aussi d'aider à surmonter les difficultés rencontrées. Pour faire évoluer un comportement, avoir une idée suffisamment claire de la cible (les manières de faire qui doivent disparaître, les nouvelles manières de faire…) ne suffit pas, il faut passer de la compréhension « théorique » de ce qu'il faudrait faire à la mise en pratique. Le principal levier d'un changement comportemental : développer les compétences élémentaires en lien avec le comportement recherché. Pour le manager qui aide à surmonter les difficultés, encore faut-il avoir soi-même expérimenté ce qu'est le changement comportemental, car ce qui est difficile pour certains collaborateurs ne l'est pas forcément pour d'autres.

À noter

S'adapter constitue un passeport pour l'avenir.

Épisode n° 9 : dépasser les difficultés

Un manager raconte à Lola combien il est fier de son travail avec ses collaborateurs sur les comportements. Il avait remarqué que la plupart des personnes de son équipe manquaient d'affirmation. Il faut dire que négocier des délais ou faire des demandes ne sont pas des pratiques courantes dans son équipe. Pourtant, avec la nouvelle organisation et tout le travail avec l'international, ce qu'il était encore possible de tolérer il y a un an était devenu impossible. Ce déficit d'assertivité, en fait, chacun devait le conduire à sa manière et en se donnant le temps et des occasions d'en parler dans les en-cours hebdomadaires (individuels et collectifs).

Notamment, un des collaborateurs ne pouvait pas s'empêcher de se laisser déranger. Pour lui, le plus important était de rendre service, même si c'était au détriment de la rigueur de son travail car il était régulièrement perturbé dans les tâches qu'il avait à réaliser. Lola cherche à savoir comment s'est fait le déclic, et le manager de lui répondre : *« Au moment où je lui ai dit qu'il était en train de faire comme les ordinateurs avant le bug en laissant plusieurs fenêtres ouvertes en parallèle. »*

L'avis du coach

Voilà un manager qui a compris son rôle d'accompagnateur du changement comportemental ; il fixe une cible, la précise pour chacun et structure un suivi à la fois individuel et collectif pour que les expériences des uns enrichissent les autres. Pour continuer sur cette voie, il faut ne pas oublier qu'il y a probablement des situations dans lesquelles le changement est possible (quelles sont les conditions de réussite ?) et d'autres dans lesquelles cela bloque (quel est le problème exactement : est-ce plutôt un manque de conviction, une difficulté émotionnelle, un manque de compétence élémentaire ou un manque de visibilité sur ce qu'il y a à faire concrètement ?). Une fois le diagnostic réalisé, il est plus facile de construire les prochaines étapes/expérimentations à imaginer en commençant toujours par ce qui semble le plus simple.

Exercices pour vous permettre d'aller plus loin

Quelques situations pour s'entraîner à faire dépasser les difficultés : en entretien individuel que vous organisez ou quand le collaborateur vient vous voir avec une difficulté.

Commencez par ce qui vous semble le plus facile :

- s'entraîner à faire formuler les bénéfices à changer : si les conséquences négatives du comportement actuel ne suffisent pas, faire verbaliser les bénéfices à changer (pour la personne, pour l'équipe, pour l'entreprise…) ;
- s'entraîner à reformuler le problème ou la difficulté ;
- s'entraîner à faire construire des plans d'action précis et à faire hiérarchiser les difficultés de mise en œuvre (en fonction de l'intensité émotionnelle) ;
- s'entraîner à reconnaître, valoriser, mettre en perspective le changement.

Mon plan d'action personnel en 3 situations pour dépasser les difficultés, faciles à mettre en œuvre à court terme :

1. ....
2. ....
3. ....

EN PRATIQUE

Conclusion

Puisque tout change en permanence, la façon de conduire le changement doit, elle aussi, évoluer. Mieux prendre en compte la dimension humaine des changements va supposer de s'adapter et peut-être aussi de faire évoluer certaines représentations, d'inventer.

Pour réussir le changement, une stratégie pertinente et une organisation optimale ne suffisent pas. Disposer d'une méthode pour conduire le changement est rassurant car cela donne un cadre de référence. Pourtant, ce qui garantit la réussite des changements, c'est qu'ils soient appropriés jusqu'au plus bas niveau de l'entreprise, et donc qu'ils se traduisent dans les comportements et les relations au quotidien. Encore faut-il savoir observer le niveau d'appropriation du changement et faire avec la composante émotionnelle inhérente aux changements qui conduisent à une certaine perte de repères.

La quête de performance des managers en situation de transformation doit se poursuivre. Plus de rigueur sur la prise en compte de la dimension humaine doit se traduire par une meilleure compréhension des mécanismes de fonctionnement (bons ou mauvais) et une plus grande capacité à se montrer stratégique dans ses comportements managériaux.

L'intention de cet ouvrage était de vous donner des repères et quelques clés pour appréhender les dimensions comportementales, émotionnelles et relationnelles des changements. Charge à chacun de poursuivre en fonction de sa marge de progrès personnelle. Alors qu'entretenir ses capacités d'adaptation et celles de ses collaborateurs permet probablement d'éviter tout vieillissement prématuré, à chacun de retrouver une marge d'adaptation et de développer sa souplesse comportementale. Vous avez entre les mains quelques pistes concrètes pour que vos changements ne se résument pas à faire « un peu plus de la même chose » que d'habitude.

Managers, à vos changements !

Bibliographie

Éric Albert, Jean-Luc Emery, *Au lieu de motiver, mettez-vous donc à coacher !*, Éditions d'Organisation, 1999.

Éric Albert, Frank Bournois, Jérôme Duval-Hamel, Jacques Rojot, Sylvie Roussillon, Renaud Sainsaulieu, *Pourquoi j'irais travailler*, Eyrolles, 2003.

Éric Albert, *Le Manager durable*, Eyrolles, 2005.

Éric Albert, *Managers, faites-en moins !*, Éditions d'Organisation, 2007.

Éric Albert, Laurence Saunder, *Stress.fr*, Éditions d'Organisation, 2010.

Anne Ancelin Schützenberger, Évelyne Bissone Jeufroy, *Sortir du deuil*, Payot, 2008.

Philippe Bernoux, *Sociologie du changement dans les entreprises et les organisations*, Seuil, 2004.

Jean-Christian Fauvet, Marc Smia, *Le Manager joueur de go*, Éditions d'Organisation, 2006.

Michael Fradette, Steve Michaud, *L'Organisation cinétique ou le renouvellement constant*, Village Mondial, 1999.

Benoît Grouard, Francis Meston, *L'Entreprise en mouvement*, Dunod, 1998.

Spencer Johnson, *Qui a piqué mon fromage ? Comment s'adapter au changement*, Michel Lafon, 1998.

John P. Kotter, Dan S. Cohen, *The Heart of Change*, Harvard Business School Press, 1992.

John P. Kotter, David Rathgeber, *Alerte sur la banquise ! Réussir le changement dans n'importe quelles conditions*, Village Mondial, 2008.

Françoise Kourilsky, *Du désir au plaisir de changer*, Dunod, 1995.

Didier Noyé, *Réussir les changements difficiles*, Insep Consulting Éditions, 2002.

Fabrice Piroux, *Managers, devenez votre propre coach*, Éditions d'Organisation, 2008.

Laurence Saunder, *L'Énergie des émotions*, Éditions d'Organisation, 2008.

Paul Watzlawick, John Weakland, Richard Fisch, *Changements*, Points Seuil, 1981.

Paul Watzlawick, *Comment réussir à échouer, trouver l'ultra-solution*, Seuil, 1988.

Index

www.ingramcontent.com/pod-product-compliance
Lightning Source LLC
Chambersburg PA
CBHW072313210326
41519CB00057B/4994